汉语写作论谈

曹大良　著

群众出版社
·北　京·

图书在版编目（CIP）数据

汉语写作论谈 / 曹大良著. —北京：群众出版社，2018.12
ISBN 978-7-5014-5903-2

Ⅰ.①汉…　Ⅱ.①曹…　Ⅲ.①汉语—应用文—写作
Ⅳ.①H152.3

中国版本图书馆CIP数据核字（2018）第284754号

汉语写作论谈

曹大良　著

出版发行：群众出版社
地　　址：北京市丰台区方庄芳星园三区15号楼
邮政编码：100078
经　　销：新华书店
印　　刷：三河市荣展印务有限公司

版　　次：2019年1月第1版
印　　次：2019年1月第1次
印　　张：8.875
开　　本：880毫米×1230毫米　1/32
字　　数：209千字

书　　号：ISBN 978-7-5014-5903-2
定　　价：40.00元

网　　址：www.qzcbs.com
电子邮箱：qzcbs@sohu.com

营销中心电话：010-83903254
读者服务部电话（门市）：010-83903257
警官读者俱乐部电话（网购、邮购）：010-83903253
综合分社电话：010-83901870

总　序

曹大良

岁月飘忽，性灵不居，腾声飞实，制作而已。形同草木之脆，名逾金石之坚，是以君子处世，树德建言。

——刘勰《文心雕龙》

本人年近耄耋了，作为“奉献的一代”，去日过得虽不那么从容潇洒，但也还充实有为、无愧无悔。眼下赋闲养老，“整理故作撰写新章”自然成了“居家文化养老”之乐事。不枉几年的努力，总算整就成型，名曰《阿良人文书屋》。其有五个分册，即《汉语写作论谈》《文学文艺笔谈》《学论·评论·讲座》和《岁月心声》《岁月花絮》，共计百万余字。前三个分册乃本人多年来有关汉语写作学、语言学、文艺学、文化学、教育学等教学与研究的部分铅字成果；后两个分册则是文学创作性的诗歌与散文，其内容多是笔者个人生活、学习和工作一路走来似水流年的故事与感悟。总之，《阿良文集》既有逻辑思维之花，又有形象思维之果。

从写作与发表年限上看，所选文章既有旧作又有新篇（其中三四成是从未公开发表过的），面对新时代的圈内外各类读者，书里的诸篇文本内容力求理论与实践、知识与能力、传统与现代的“结合”，以及理念与情感的和谐统一。

至于说出版问世的价值意义，其实又并非多么深重宏大，笔者的考虑是：于己是几十年教学生涯与文化苦旅的自我小结；于家人以及朋友们是自己学业耕收的一次比较全面而实在的文字汇报；于杏坛后来同行们则又是一次超越时空的切磋与交流；于青春焕发造梦筑梦的学子们则又不失为一部丰富人文知识、陶冶人文情怀、研习写作与创作之道的业余读物。

书稿洋洋万言，各篇文稿年限跨度又大，所以无论全豹还是鳞爪，疏漏与不足自然难免，诚恳期望专家与读者们的批评与斧正。

最后，还要深深感谢群众出版社的大力支持。

2018 年 7 月

于五角素居

致读者

曹大良

本书内容是笔者多年来讲授与研究汉语实用写作、司法文书制作、传统文章学、现代写作学、语言修辞学过程中所发表的部分铅字成果汇集，其中不乏笔者的新见与亲身体悟。全书共有4辑33篇文章，外加4个附件。其中，第一辑9篇，是基础理论知识；第二辑9篇，是应用文体及近来常用文种的写法提示；第三辑10篇，是关于新闻稿件采写的；第四辑5篇，则是有关学论与申论的写作要领。4个附件分别是《汉语实用写作》通论单元讲授纲要、选修课《汉语表达方略》教学大纲和1998年3月初应邀参加国家教委成人教育司责成高教出版社主办的汉语应用写作教材编写研讨会时提交的发言提纲《关于成人高教应用写作教学的几点想法》以及笔者主要著述。

总之，阐述写作行为要旨与写作得失经验乃本书内容精华之所在，而且编写过程中还特别注意到实践性与可操作性，所以各类职场中青年朋友们一经开卷，肯定有助于提高他们常常感到头疼的工作用笔，同时对包括公安院校在内的各大专院校普设的名称不尽统一的汉语写作课教学也自拥有比较实惠的参考价值。

当然，既然是选录，便难以赢得像教科书那样的全面系统之感，这点还请读者们理解与包涵。

2018 年 7 月
于五角素居

目 录

第三辑　新闻稿件写作

第四辑　学论申论写作

附

第一辑

写作基础理论知识

写作之功不能丢

话说如今信息时代，传媒手段确实于更新变化中呈现出多种多样的类型，但千万别忘了传统的文本载体仍具有重要的不可取代的地位。大至法典文件，中至书籍报刊，小至笔记短信，还不都是我们用文字写出来的吗？而且更不可否认的是：传统汉语写作非但没有被其他“手段”所代替，而且还因为有了网络与手机平台而使用得越来越多、越来越广呢，甚至可以说在更新变化的器物技术条件下，“文本”载体所固有的传递深广之长发挥得更为淋漓尽致。这再次让我们想起古人那“文章经国之大业，不朽之盛事”的名言！

至于对身在业界职场的文职文秘人员而言，写作之功更是须臾难离的，实践证明：大家只有“勤写”，进而“会写、爱写、善写”（像苏东坡那样“以文为快”），才能胜任并愉快地做好工作。因此，希望青年朋友们在历练“五功”（身体、电脑网络、外语、方向盘、公关术）的同时，再努一把力练练传统“写功”，以期今天或日后能掌握源自工作与生活各领域的汉语应用写作本领。

近些年来因为大多数中青年多用电脑打文章，于是就有了“电脑写作”一说。而且社会上出书投稿一般也都要打印件或电传件，钢笔手写似乎只成了学生们的“专用”。于是让不少朋友产生了错觉——好像电脑可以代替人来写作。其实仔细想想还真不是那么回事，所谓“电脑写作”，不过是“人用电脑写作”之缩略语。那颇为神通的电脑说到底只是写作工具而已，它根本不能代替人脑，那一篇篇公务文章与锦绣诗文（从文意、文料到文脉、文词的“一条龙”）毕竟还得是坐在电脑前的人来匠心经营啊！所以说写东西首先还得靠“人脑”，人的写作之功不可丢！

当然，这“写”确实要比“说”难得多，复杂得多，也麻烦得多，因为它要求你的综合能力，诸如认知能力、摄取信息能力、运思能力和表达能力等。另外还得拥有在长期写作实践基础上的个人笔走龙蛇的难以言传的得失经验等。而无论是能力的提高还是经验的积累又绝非一蹴而就的，所以奉劝各位青年朋友于“写功”上万不可心浮气躁、急于求成，还非得下点真功、苦功、慢功不可。不过，古今文章高手的成功证明：只要持之以恒地多读多写，勤学苦练，相信各位或迟或早都可以成为写作的行家里手。闹好了还一准能出几个名记者、名作家呢。

本文的内容仅涉及汉语实用写作的一鳞半爪，只期起些参考提示作用吧。“大匠能诲人以规矩，不能使人巧”（《孟子·尽心下》），况且笔者远非大匠，那最可靠的还是各自长期的自练与自悟！

（写于2007年5月）

怎样才能写好文章

近来报刊上常有关于“写文章”的文章，而且见解高明。这里笔者欲结合自己多年来写文、读文和教文的切身体会，从主体认识的角度，对朋友们做几点提醒。

其一，从优化主体综合素质与能力入手。

不管哪种体式的文章或作品，说到底都是人写的，因此作者的综合素质水平都将始终逻辑地决定或影响文章的优劣得失，这就是古人所讲的“文如其人”的原理。所以初学者之于写作，切忌急于求成，也不必寻找什么终南捷径，还是老老实实从根本上优化自身的综合水平入手才好，当然从日程上来说，倒不是说先提高了自身素质，而后再伏案走笔。而所谓“综合素质与能力”，于今应大致包括三个基本方面，即认识系统、思维语言系统和情感道德系统。倘若在日常的学习与工作中，日积月累不断夯实这三个方面的基础，那么伏案走笔时自会是“为有源头活水来”了。

其二，强化文体意识、语体意识和受体意识。

常言道，“文章皆依体而存”。所以写作行为固然有一般规律，但也有各类文体自身的微观性构成写法规格，且彼此不同甚至大相径庭，即所谓“夫文本同而末异”。所以大家写东西时一定要注意文体问题。首先是根据读者范围，恰当地择体；其次是依循各体种的基本构成规格和写法要领拟写之。不妨先搞清楚实用文章和文学作品这两大分野以及彼此的根本不同，而后再从实践的意义上，把握好各类文种的功用与写法。

总之，我们应该加强文体意识，一要懂得“旨异则体别”（即写作目的不同，所用文体就不同）和“体异则法别”的原理规律；二要先学会写好自己工作中常用的文体及其所属文种的写作。至于业余文学的创作，切忌急于求成和投机取巧之类。在发挥自身生活素材来源优势的基础上，于文学、美学修养和形象思维能力上还需下一番硬功夫。

天下文体既有相对的稳定性，又有“与时俱进”的变异性，甚至一定程度的兼容性。不过笔者以及习作者和初学者还是应该先“规矩”和保守一点，把握文体写作的基本规律，久后自然会逐渐灵活变通起来。

所谓语体，简单来说是指口语和书面语的不同格调与品味。一般来说，书面语的语体运用是服从文体的，即文体不同则语体不同。公文（含通用类和专用类）讲究庄重规范、准确简明；新闻稿件讲究明快生动，富于现场感和节奏感；论文则讲究生动，富于逻辑性。至于文学语言则更讲究形象美、风格美和抒情色彩了。所以提醒大家在运用书面语上下点真功夫，逐渐把握各类语体的特色品味，争取赢得文本语言表达的得“体”和美。

所谓受体，即指文章的读者。从社会传播学的角度而言，文章都是写给社会读者的，只有既写好又读好（接受好）才算是写作行为的圆满完成。据此，在写作全过程中，应始终心存“受体”，并由此恰当地确定文本内容的深浅详略、书面语体的运用和写法的选择等。

其三，灵活辩证地理解、运用和借鉴写作法则和名家经验。

辩证法告诉我们凡事都有规律，写作是个复杂而高难的行为过程，自然也有基本方圆，这就是中学作文教学和大学写作课程讲授的那些“写作法则”。然而，因为写作行为过程始终受主体、文体和受体三大因素的左右，所以其中又有着很大的“自由性”，即写作主体依据文体、受体等因素总要有不同程度的创造与发挥。这就是理论界常说的写作行为的“规范性与创造性的统一”。鉴于此，在写作过程中还需注意这样两点：一是写文章要先“规”后“放”，从模仿到借鉴直至创造，也就是哲学上所说“从必然到自由”；二是对理论上指出的“法则与要领”以及名家们的“经验诀窍”之类，要结合自身实际加以辩证地理解和灵活地运用，切忌生吞活剥和邯郸学步。

（原载2003年8月13日《人民公安报》）

信息材料的“积与用”

写作素有“外功”之说，其具体说来有三个方面，即大脑“加工厂”的优化（理论武装和知识储备）、信息材料的摄取与积累、语言工具运用能力的历练等。而具体到动笔时自然还有个选料用料和剪裁的“内功”问题。本文拟集中就写作全过程中的“材料”问题，即写前的积料和写时的用料做些原则性提示。

一、关于信息材料的摄取与积累

（一）必要性与重要性

俗话说，“巧妇难为无米之炊”。凡写东西要“言之有物”，材料乃文章之“血肉”。因此无论是机关公文、广义的公务文书、科研学术论文、新闻稿件，还是文学作品，欲“有得写”、写得“有血有肉”，就必须在动笔前占有丰富生动的多方面的信息材料才行：秘书必须熟悉业务了解情况；科研人员必须了解课题（论题）产生的历史背景与当今研究动态和最前沿的成果；记者与通讯员们必须及时捕捉新闻线索和采访新闻事实；作家必须要把握时代、熟悉生活、观察人物。

总之大家在平时生活工作的过程中就要有意识地摄取、积累这些信息材料，倘若如此，届时就不会发愁没的写了。

（二）信息材料的种类

从写作备料的角度而言，信息材料有6类12种之多，当然它们彼此之间又是交叉关系，即：

现实的与历史的；

感性的与理性的；

正面的与反面的；

一般的与个别的；

本土的与外域的；

见闻事实和文字声像资料。

其中理性材料主要是指源于经典著述的警句、格言、名言、隽语和富于哲理色彩的俗语谚语（如“终生奋斗便是天才”“位卑未敢忘忧国”“有盐同咸无盐同淡”“鸡叫天明鸡不叫天也明”），广为流传颇有教益的民间故事、寓言、童话（如先秦诸子散文里的故事、伊索寓言、安徒生童话等），自己或他人对某个经历或见闻的真切感悟联想与思考之类的精神材料等。写文章时若能恰当地用上原先储备的理性材料，则将大大提高文章的思想张力与交流效果。

（三）信息材料的数量与质量

从“数量”上说积累信息材料自然是韩信用兵，多多益善了。但从“质量”上说又要讲究一些，即要选择真实可靠的、新颖新发的、具有某种典型意义的，以及跟自己工作密切相关的。鉴于此，便需拥有一定的鉴别信息材料的能力，这就如同买东西要识货一样。

（四）摄取积累信息材料的渠道与手段

作为职场工作人员首要的就是针对自己的职务职责，从工作环境里敏感、及时、细心地摄取“鲜活”的有价值的信息材料。至于公检法的公务员和律师还要动用特殊的侦查、辨认、鉴定和审讯询问等手段。而科研工作者则很多情况下还要多积累资料、多实验、多记录等。此外，从长远的自由写作角度来说，还需抓住以下几个渠道：

第一，观察、调研与采访以获取第一手直接材料；

第二，上网与阅读（书籍、报刊、文件）以获得间接材料；

第三，行路旅游、公关结友以开阔眼界、丰富见识；

第四，学会利用图书馆、资料室、档案室和工具书。

（五）信息材料的整理与储存

1. 整理材料

（1）就是根据需要从性质、来源出处、时间先后等不同角度予以分类记存。

（2）从日程上说，有随时整理和集中整理两种方法。

2. 储存材料

（1）原则上有心记和内存两法。前者就是依靠逻辑记忆、词语记忆、比较记忆等方式内存于心，让它成为“身内之物”；外存就是动手记录或整编。其传统方式有卡片、笔记、剪贴订册或复印装袋等，近年来又增加了电脑文档或下载打印等。

（2）要注意无论内存或外存：都要将时间、地点、背景、人事、观点、数据、核心内容、出处（作者、发言人和书册、报刊名称）等环节记准、写明。

二、写作时对信息材料的鉴别与选用

前边说积累信息材料要多多益善，可使用材料呢，又要讲究精益求精、以一当十，具体说来要注意以下几点。

（一）要提高鉴别材料的能力

写作时通过比较分析以及联想等思维活动准确而迅速地发现

和判定出占有的若干材料（“素材”）彼此不同的思想内涵、理性价值和使用价值，从而确定取舍详略之类，这个运思过程就是所谓对材料的鉴别。比如当年老舍要表现新北京的巨大变化，进而表现市民对人民政府的爱戴与感激。从当时诸多见闻里，他特别抓住了“修沟”一事。因为一则政府刚进城，财政上并不富裕，二则政府没有因为它地处偏僻的穷人区而忽视，由此正足以看出人民政府是真心实意为人民服务的。于是就以“修沟”为重点材料写了话剧《龙须沟》，结果大获成功。

看来只有懂得积累材料又善于鉴别材料，写作时才能选好用好材料。

（二）要善于选用材料

1. 初选时的几个着眼点

真实可靠又新鲜感人的、典型的、足以彰显作品主题和文章主旨的。

除上述三个主要根据以外，还有文体、文种、读者定位以及发用范围等多个考虑点。

2. 剪裁上下功夫（第二次选材）

写作学的传统术语“剪裁”，是指写作者对初步选定的材料，按照写作意图、主题需要、传播平台、读者用者需要和文体不同等因素，对其固有内容与环节划分判定出主料、次料和废料的运思过程。经过“剪裁”，写作的详略先后便有了谱儿，而写出的文本便自然会赢得用料精当、重点突出、主题明确、篇幅恰宜之长了。

至于就文艺创作而言，用料还涉及角度视点和人称等，这里暂不一一细讲。

（写于2004年5月）

再谈读书与练笔

众所周知，多读多写（或曰多练）乃增加见识、提高写作水平的传统经验，有关这方面的阐述文字亦所见不少，这里针对当代青年朋友们（大专院校学生和在职青年）的情况，再重提一二。

一、有所选择，循序渐进

面对如林似海的书刊读物，大家不宜盲目乱翻，也不该操之过急、好高骛远，而应针对个人的各种情况（诸如专业、工作、兴趣爱好等）有选择地一篇一篇地看，一本一本地读。拿到一本书先翻看一下内容提要以及前言、后记，知其大概后再决定取舍。有些权威性的大型工具书，最好花钱买下，也好放之案头随时查用。说到选择，又联想到学习的“博与专”问题。鉴于当代对人才的素质与智能的严高要求，读书学习还是“博点”为佳，正所谓“凡有所学，皆成性格”（英·培根）。不过考虑到现代生活的快节奏和大家的时间，阅读的“面”也不宜太宽了，待学有所成后，再逐渐广泛涉猎。

二、学以致用，搞“三结合”

（一）读书与修身相结合

原则上说，读书目的一在提高品德修养，二在长见识、学本领（含写作能力）。所以读书首先就得跟修身相结合。读读焦裕禄的感人事迹，会明白真正的共产党人生命的价值与意义，读读古贤蔺相如、诸葛亮的故事，就会懂得何谓敬业、啥叫智谋。好的传统要选继，新潮的东西也要辨取，从而明确自身的人生道路与价值取向。

（二）读书与学习或工作相结合

中文系的学生学习唐代文学时，如果找来有关唐朝的历史书认真读读，那么对于诗圣杜甫的“三吏三别”和韩柳散文的理解将会大大加深；刚上岗的公务员，如果找来《中华秘书全书》，再结合自己干的那摊工作，选一两个分册读读，那么对熟悉公务业务政务与环境，活跃思路，从而提高工作效率一定会大有好处。

（三）读书与动笔相结合

其包括两层意思，一是古人所说“不动笔墨不读书”，即在“读”的同时拿笔头圈点勾画（当然那书是自己的），或做摘录卡片，或写心得笔记等；二是在读罢他人的文章或著述之后，在受到启发、生得联想的前提下动笔“试写”自己的文章。如此坚持下去，对于长见识和添文采必将大有裨益。

三、连贯有序，精泛有度

所谓“连贯有序”指的是较为传统的“连贯之法”。其中四个步骤是：

第一，浏览。浏览，即拿到一本书后，先从整体框架上（包括选题、编写宗旨、内容概要、目录章节、序言、后记、出版年限和作者简介等）浏览一番，如此便知该书之大概了。如果每秒读七个字的话（一般速度），大约只需一小时。

第二，通读。即在浏览之后对全书的“正文及注解”仔细阅读一遍（其精要处还应反复阅读），同时辅以圈点勾画和做卡片，如此争取“渐渐向里寻到那精英处”（宋·朱熹）。通读时如遇疑难，还应及时翻阅工具书或参考资料。

第三，回思。即通读后再回过头来“自思自考”一番，回味全书的脉络与内容以及精华所在。如果发现“漏的忘的”，便再重读追回。为长期记存，自然可以动手写些摘录和心得笔记。

第四，运用。含精神与行为两个层面，一是将所感悟到的“精神财富”（知识、理念、观点、情感等）融入心魄享用终生；二是将所学运用于自身各种具体的社会实践当中。

所谓“精泛有度”，说的是读书应该先慢后快、先泛后精、快慢泛精有度。后六个字的意思是说不可一概而论，届时还需区别对待、灵活把握。英国著名学者培根说得好：“书有可浅尝者，有可吞食者，少则须咀嚼消化。”

四、青年人必须拿下“写作”之功

“说与写”都是社会交际信息传递的通用手段与方式，但仔细想想，“写”更为神通广大，它借助文本与光盘，可以超越时空的局限。古今中外，历史事件的记载、文化科技成果的传播、文学作品的广为流传等，靠的就是历代史家、学者、文人的辛勤笔耕啊！事实上，时至今日，大家在生活、学习和工作的过程中，也还是离不开笔写的。虽然如今有灵巧的“笔记本电脑”，可说到底其不过是写作的“工具”而已，锦绣佳作还得是人的匠心经营啊！所以奉劝青年朋友一定要强化写作意识，并不断地认真练笔，从而把“写功”拿下来。

五、拿下“写功”的几个有效途径

（一）优化大脑这个写作的“加工厂”

人写文章是对客观事物能动而自觉的反映，而并非消极的机械的“复制”，因此“写”是离不开“想”的，其中大脑的“加工”非同小可、至关重要，古人讲的“文如其人”就是这个道理。鉴于此，欲学写文章、写好文章，头一条就是要优化大脑这个“加工厂”。具体说来就是通过积极参与各种社会实践活动，提高自身的综合素质与智能，诸如理论水平、品德修养、情感陶冶以及知识储备、生活经验等，以逐步达到“世事洞明皆学问，人情练达即文章”的境界。

（二）努力构建写作的“材料库”

文章要言之有物，用物托意，所以练习写作者就必须强化信息意识，借助多种渠道和手段摄取信息积累素材，届时写起来才能有“为有源头活水来”的快感！为建成无形的材料库平时就得多读书多行路，多听多看，勤上网、广结友才好。

（三）多写多练，边写边悟

在以上两条“功外之功”的基础上，接下来就是要下功夫“苦练”一把了，即结合自身的工作与生活多写多练、边写边改边悟，久而久之，自会渐渐悟到写作之“必然”，进而最终赢得“自由”。所谓“必然”，简言之包括两个范畴：一是指写作行为的一般规律必经步骤，诸如备料构思、用料剪裁、结构布局、炼词造句、拟题取法和起草修改等；二是文章载体的构成及其审美，诸如主题、材料、结构、表达四要素以及文体、文种、写法等。

“倘能生存，当然我仍要学习”，“文章乃经国之大业，不朽之盛事”，青年朋友们，花点时间，认真读读书、刻苦练练笔吧。

（写于2014年4月23日世界读书日）

必须把握好语言工具

长期的写作实践告诉我们，不论写什么体裁的文章（或作品），作者驾驭语言的能力与经验是一个十分重要的方面。在选材立意比较理想的基础上，运用语言的成败高下将是未来文本得失优劣的关键所在。据此，笔者拟与公安界“笔杆子”们一起研讨一下关于写作语言的问题。

一、语言是写作的工具，是文章的第二材料

笔者曾讲到，写作是作者通过思维和语言对客观事物和自身思想情感的能动而自觉的反映。据此，我们不难引申结论：在写作这个复杂而高难的行为过程中，自始至终是离不开思维及其语言的。所谓“离不开”，具体包括几层意思：一是写作思维离不开语言（对此思维科学有着详细的论述）；二是作为文章或作品，其最后所以能够成为物化的文本，全靠书面语言系统有机的排列组合，这正如高尔基所说的“语言是一切事实和思想的外衣”，至于文学，更被称为语言艺术；三是从接受过程和使用过程来看，各类读者与受众也只有首先借助书面语言的有机排列，

才能通晓和领会文本的具体内容和所欲阐明的宏旨大义。这又正如我国古代文学理论家刘勰讲的“披文以入情”。

另外，让我们再从文章构成的角度来探讨一下。一篇文章，不论它属于什么文体，概括而言都由两大部分构成，即内容和形式。其中内容要件自然是材料及其主旨（或曰主题、中心论点和基本观点等）；而形式呢，自然包含很多环节而且因体而异，但其中也有两个基本环节，那就是结构与语言（表达）。据此，在很长时间里有文章构成的“四要素”之说（这里我们且不谈其是否全面和科学）。一篇文章或一部专著，数以千计甚至数以万计的书面语言无例外地充当了不同内容的载体，如果从“工艺学”的角度来说，我们则还可以说语言是文章生成的物质性、技术性材料。为区别开“社会生活”这个内容来源上的第一材料，我们姑且把语言说成文章的第二材料。没有这第二材料，便没有文章的生成与定型。如果这第二材料派用得不理想、不相宜，那么即使第一材料十分理想，也难赢得优佳的阅读效应和社会效益。正因为如此，所以古今中外，凡行家里手，于文章写作和文学创作中，都十分注意语言的推敲和锤炼，甚至达到“只将五个字，用破一世心”（唐·李频）的地步。

总之，写作离不开语言，语言既是个人思维的工具，又是社会交际的工具，同时还是写作的工具（当然后者从属于前两者）；语言还是文章的要素之一，是文章生成的第二材料。

二、书面语较之口语有着科学严谨之长，但又难于口语

一般来说，语言有两个基本语体，即口语和书面语。口语，用于“说”，书面语则用于“写”。就一个语种来说，口语与书面语自然如出一辙，属同一本源，但作为两种语体，自然彼此又有着一定的区别。就工具性能而言，也各有长短得失。这里让我

们具体看看书面语的“长与短”。

（一）先看书面语长于口语之处

第一，一般来说，书面语是口语加工提炼而成的，运用起来较之口语更规范、更严谨、更周密，因而在传递信息、表述思维方面的效果较口语要好。正是鉴于这一点，所以各国军政外交大事都用书面语予以记录，形成各种各样的文件和书籍。

第二，由于它在“用时”上较口语从容，届时可以认真推敲，反复修改，因此从最后结果来看，自然较口语表达更尽如人意了。这正如赵树理同志当年所说：“在不受时间限制的条件下，说话办不到加工，作文都要办到——从一词一句以至章节结构，写了不适当的可以换适当的，写了拙笨的可以换成巧妙的，写得臃肿了可以删得玲珑一点，写得干枯了可以添得丰润一点……总之，能加工尽管加工，直加到再也不能加为止。”（《语言小谈》）

第三，一般来说，书面语比口语更丰富，词汇量更大。因为除了挪用口语外，还可以借用文言成语、术语、外来语等。从句型上来说，除省略句、短句外还可炼制出多种多样的句子。

第四，从读者来说，他可以借助工具书来深入理解一篇文章或作品中的结构复杂、语言深邃的书面语，这一点，从交际功能上来看，也是优于口语的。

（二）再来看看其“短”于口语之处

第一，书面语把作为语言第一要素的物质外壳“语音”丢掉了，也就是说作者不能把语音直接附在纸上，只能靠读者在朗读时给以还原，这就给使用者带来一些不便。比如，“去吧”在口语里就因环境、背景和对象不同，而形成不同语调：有劝说性的，有命令性的，有气愤性和惋惜性的。而在书面语言里就很难只靠文面上“去吧”这两个字把以上四种语气具体而分明地表现出来。

第二，作为口头语言天然伙伴的“体态语”（即表情、手势等），书面语也是没有的（为弥补以上两点缺憾，所以不能不用标点符号）。

第三，口语交际的“时空范围”是固定的，这就给言者和听者带来表达与理解上的极大便利，靠着“环境和背景”的“同一认定”，言者可以充分地节约用语，而听者靠着“现场启示”自然能十分方便地理解和领会言者的意思。即使言者偶尔出现失误，听者也能自觉地“正误”，而不致影响交际效果。可是，这一优势在书面语中也不复存在。

以上比较告诉我们，书面语有着科学、规范、严谨、丰富、从容之长，但运用起来又有相当难度。每一个写作者必须充分认识到这一点，才会以极大的热情和毅力刻苦地学习书面语，认真而严肃地使用书面语，进而提高其水平与能力。

三、提高书面语能力的几点提示

毛泽东同志曾说：“语言这东西不是随便可以学好的，非下苦功不可。”（《反对党八股》）这“功”应该在以下几个方面：

（一）从理论上提高

1. 学一点马克思主义语言学的基本理论

马克思主义语言学是以马克思主义为指导，研究人类语言存在和发展规律的社会科学。通过马克思主义语言学基本理论的学习，可以帮助我们逐步树立科学的语言观和方法论。

2. 学点语法、修辞、逻辑

这些都是关于语言的基本理论知识，对语言实践来说，更有着具体的指导意义。语法是语言的结构规律，它是“语言”运动的权威“教练”；逻辑是研究思维的形式与规律的，而思维一般又离不开语言，所以学好逻辑可以保证内在思维的缜密和外部语言的准确；修辞是一种语言美学，是优化语言表达的方法论。所以要想提高使用语言，特别是书面语的能力，这三门学问是非学不可的。

3. 研究文体写法，把握语体特征

不同文体，其语言表达上都有着不同的要领与要求，所以以前把文体还叫作语体。因此我们在熟悉和把握各种文体的写作要领的同时，要特别注意各种文体在语言表达上的基本特点和审美标准，从而才能做到无论写什么体裁的文章，语言表达上都能得体相宜。

（二）生活书本两为师，丰富语汇，借鉴经验

1. 从生活中学习群众的语言

大家都知道，群众的生活是丰富多彩的，群众的语言也是丰富多彩的，这就给我们写文章时所要用的书面语言提供了取之不尽、用之不竭的源泉。这里略举两例：

第一，深奥的哲学道理，到了群众之口，便能一语道破。比如“甘蔗没有两头甜”“鸡叫天明，鸡不叫天也明”“吃鱼先拿头，擒贼先擒王”“月亮再亮，晒不干谷子”“行行出状元”，等等。

第二，社会生活、风土人情一经口语说出便惟妙惟肖、活灵活现。请看出自一位外国教授用北京口语写的一段文字（原载1987年10月22日《云南日报》）：

> 我叫施吉利，加拿大人，很喜欢汉语，我买了许多书，特别是《汉语词典》《成语词典》等。我发现成语、谚语、方言很好，准确、生动、幽默风趣。有一天，很热，我去楼下散步，看见卖西瓜的，是个体户。

我说："你的西瓜好不好？"他说："震了！"我说："什么叫震了？"他说："震了就是没治了！"我说："什么叫没治了？"他说："没治了就是好极了。你看我的西瓜好不好？"这时，我用了两句成语，刚学的，我说："没有调查就没有发言权。你是不是王婆卖瓜，自卖自夸？"他说："是骡子是马拉出来遛遛，我的瓜皮薄，子小，瓤儿甜，咬一口，牙掉啦。""咔嚓"一声，切开一个，我一吃，皮儿是厚的，子是白的，瓤是酸的。我说："你要实事求是，不要弄虚作假。"他的脸唰地红到了脖子根儿，我说没有关系，买卖不成仁义在。他一听急眼了："这个不算。""咔嚓"一下又切开一个，我一看，皮儿倍儿薄，子倍儿黑，瓤儿倍儿甜，我狼吞虎咽起来。他说："好不好吃？"我一伸大拇指，说："盖了帽了！"

2. 从"书本"里学，从范文里学

鲁迅曾说，"凡是已有定评的大作家，他的作品，全部就说明着'应该怎样写'"（《不应该那么写》）。当然鲁迅并非仅仅指语言表达一环，但毕竟首先是指语言表达。至于"他人"的范围当然是中外和古今的名家高手。不过，在学习和借鉴别人的语言技巧时，一定不要忘了要密切结合自己文章的思想内容，恪守语言"为内容服务"的原则。

（三）严于使用，反复推敲

这里再简单说明一下在写作时怎样严肃认真运用语言的问题。俗话说"在用中学"，不过其中还有个态度和方法的问题，倘若态度和方法上出了毛病（即所谓"路子不对"），那么便不能达到"在用中学"的目的。

1. 注意两个原则

第一，坚持语言表达为文章具体内容服务的原则，尽量争取因意遣词，词到意出，也就是古人所讲“文从字顺各识职”。就一个词或一个句式来说，其自身可以说无所谓优劣得失，但若用以表现某一事物或情理并置于一定的语言环境时，就产生恰与不恰、准与不准、美与不美的得失了。因此，我们动笔写作时，切勿随心所欲地做文字游戏，而必须从文章内容需要出发，仔细斟酌，争取句句稳妥、字字恰当。这里，且把列夫·托尔斯泰的一段话抄录如下，对大家或许有深层的启发：

> 在艺术作品里，只有在这样的情况下，即既不能加一个字，也不能减一个字，还不能因改动一个字而使作品遭到损坏的情况下，思想才算表达出来了……
>
> （《俄罗斯古典作家论》，季莫菲耶夫编）

第二，注重客观效果。大家知道，文章旨在信息传递和思维表述，“作品”更是要用形象感染读者，因此在遣词造句时一定要始终坚持为读者着想的客观性原则。郭沫若曾说：“写文章的目的是给人家看的，不是给自己看的，所以不能只有你自己懂，主要是使人家看懂”（《关于文风问题答〈新观察〉记者问》）。为有助于大家的理解，这里再讲一个小故事：

> 在瑞士某一游览胜地，那里鲜花锦簇，为防止游人摘花，开始曾写“禁止摘花”的木牌，结果无效。后来又改为“摘花者罚款”的五字木牌，仍旧无效。最后改为“爱花的人让花留在山上吧”这样的字样，结果有效了。

2. 一丝不苟，反复修改

无论是日常公务用笔还是自命创作，在充分准备、精心构思的基础上，于语言表达上，要像我们的前辈那样，一丝不苟、字字求安，为赢得“最佳效果”还要不厌其烦地反复修改润色一番。若能如此，不仅能写好一篇文章、一部作品，还能于这种长期不倦的写作实践中练就一番过硬的驾驭书面语的能力。

（原载《公安文体写作导论》中国人民公安大学出版社 1996 年版）

表达方式的综合运用

大家知道，作为写作语言工具要件的表达方式，从理论上做种类归纳，一般来说有六种：记叙、说明、议论、描写、对话和抒情。但在具体的写作实践中，在一篇文章里，这几种表达方式又绝非孤立存在和彼此绝缘的，而是综合交叉在一起的。因为只有靠着这种综合交叉，作者才能充分自如地表达自己的意思，读者也才能享受到一种文字活泼、语意流畅的阅读美感。故这里再就表达方式的综合使用谈一些想法。

一、表达方式综合使用的必要性

（一）写作思维的复杂性、多样性和主体写作行为的双重性，决定了表达方式的综合使用

写作行为首先是一个复杂而艰辛的脑力劳动过程，并始终贯穿着复杂多样的思维活动，即逻辑思维、形象思维和灵感思维以及在三者基础上的综合创造性思维等。这就决定了表达方式的综合运用。比如，闵闻写报告文学《交通民警的苦辣酸甜》时首先采访了许多典型事例，翻阅了不少资料，还了解了当代国外交

通管理的一些信息。其次在摄取了丰富素材的基础上，对这些素材进行了分析、综合、对比、联想的思维加工，最后才落笔成文。读后不难发现，作者靠着其笔下形象的叙描、耐人寻味的对话、客观的说明和激越真挚的抒情等多种表达方式，使作品赢得很好的阅读效果。大众读者也在领会了深刻丰富的主题的同时，还得到了不少的语言艺术的美感享受。另外，写作行为历来有着双重性特征，其中要反映客观世界，自然离不开记人、叙事、写景、状物和说理（这里指说明客观事理）；要表现主观世界，自然又离不开议论、抒情和对话等。显然，二者要兑现于文本上，自然又离不开记叙、说明、议论、描写、对话、抒情等多种表达方式的综合运用。

（二）从阅读效应考虑，也有综合运用表达方式的必要

接受美学指出：成功的写作过程，是写与读的双向运作过程，即“写”是为了读，读者“读”得好才算作者真正“写”得好。新闻稿件和文学作品尤其强调这一点。而单一的表达方式，单调的句式和濒于死亡的、毫无信息传递价值的陈词套语，只会使我们的读者大倒胃口。而如果在表达方式上注意综合运用，在句式和修辞上注意不拘一格，那将大大提高文章的表现力和审美价值。

总之，在认真构思之后，于文章写作阶段，只有善于综合运用各种表达方式，才能增强文章的可读性并进而收到较好的社会效益。

二、表达方式综合运用的若干具体形式

表达方式的综合运用，正如数学中的排列组合一样，具体形式种别是很难穷计的，这里我们仅根据公安文体写作的实际情况介绍十种。

（一）夹叙夹议

夹叙夹议是把叙述和议论综合运用于文章表达的一种方式。具体又分先叙后议，先议后叙和边叙边议三种，其使用要领是“叙”要精当利索，“议”要中肯有力。下面是一个边叙边议的例子：

> 豆蔻年华，正是令人羡慕的好时候，她却成了法庭上的被告！前不久这里上映了由英国作家哈代的长篇小说改编的影片《苔丝》，王静洁同苔丝姑娘的遭遇惊人地相似，苔丝最后被判处了绞刑；那么等待静洁姑娘的将是什么样的判决呢？（艾群《最后的判决》）

这段话，由议开始，之后边叙边议，既精要地从侧面提出贯穿全文的主人公命运问题，又自然地引出了这篇通讯的“主体”部分。

（二）边叙边说

边叙边说是把记叙与说明综合运用于文章表达的一种方式。其常见于一些纪实性文章里，如回忆录、传记等。其使用要领是：以叙统说，以说补叙，叙动说静，叙事说物（包括人物）。丁令武的回忆性散文《小科长》中，关于叙说小科长其人其事的几段文字（原文的第2、第3、第4节），便是边叙边说的一个实例。这几段文字以追叙为主，但对“小科长”的简历和其文才武功的介绍，即使用了解释说明。如果没有这些说明性的文字，读者便难知“小科长”的过去和他出众的风采，人物的形象也就淡得多了。

（三）且议且说（俗称“论说”）

且议且说是议论和说明的交叉运用，其常用于科技论文和各类评论文章。其使用要领是：在观点与材料统一的原则下，议要明确，说要具体。如张子宏、高润平的《公安文学四十年——当代公安题材文学的历史回顾与审美反思》中，关于论及新时期我国公安文学中诗歌与散文的一段论说文字：

> 作为抒情文体的诗歌和散文，始终是公安题材文学相对薄弱的创作领地。在前27年中，除张志民外，几乎是一块空旷原野，而在新时期文学中，它们的后起直追使得其有了不能忽略的进步。在雷抒雁那首振聋发聩、情感浓烈的《小草在歌唱》之后，公安题材的诗歌便开始了长时间的沉默的艺术探索过程。青年诗人曹宇翔和杨锦创作了大量的优秀诗篇。他们在创作公安题材诗歌的同时，把整个视野扫向中国新诗界。他们的新探索，为传统与现代样式的契合，公安题材和其他题材的交融，闯出了一条新的艺术之路。同时，孙友民的《大墙故事》和于奎潮的《谷地》体现了诗歌的艺术观念，表现了诗歌的新的美学追求。这一时期取得成就的诗人还有谢先云、孙刚、潘方提、郑光明、王鸣久、刘金山、苏殿远、叶桢等。在散文创作中，陈淀国以雄奇阔大与平和清淡构成了他讴歌生活、讴歌战士的主基调，而高红十则以冷静、凝练、绮丽、深邃的女性笔法，作哲人般思考，她设置着也在解答着一个个人生深邃的哲理奥妙，并传达出生活意趣。

这段文字以议论为主，兼用说明，二者水乳交融，衔接自然，语意也显得具体而中肯。

（四）叙、议、说共用

叙、议、说共用是在一段或几段内容里，比较集中地将叙事、说物及相关事理的议论有机融合的一种综合表达方式。常见于公务文书和司法文书之中，其使用情况请参见《司法文书的表达方式》一文。这里仅以一份“起诉意见书”中的“三结合”文字为例略加分析：

> 被告人高某栓，男，五十岁，陕西省大荔县人，汉族，小学文化程度，陕西省大荔县朝邑公社大一生产队社员，住本大队。1979年，因盗窃被拘留；1981年4月，因盗窃罪被判刑3年；1984年4月，刑满释放。后又因盗窃罪，于1984年12月7日，被收容审查，经北京市人民检察院分院批准，于1985年2月8日被逮捕。
>
> 被告人高某栓盗窃一案，现查明：
>
> 被告人高某栓于1984年12月6日凌晨，在北京火车站候车室内，趁旅客刘振江熟睡之机，将其黑色两用包偷走，内有人民币200元，录音磁带7盘及营业执照等物，共价值250元，后被抓获，所窃钱财已发还事主。
>
> 综上所述，被告人高某栓的行为触犯了我国《刑法》第151条，构成盗窃罪。被告人刑满释放后3年内又继续犯罪，根据我国《刑法》第61条之规定，系累犯。为此，根据我《刑事诉讼法》第93条第2款之规定，特将本案移请审查，依法起诉。

这四段文字，首段是说明，第二段（过渡段）和第三段是记叙，第四段是议论。用“说明”介绍了高犯的简历和犯罪前科，用“记叙”交代了查明后的案情事实，用“议论”论证了定罪依据。

（五）夹叙夹描

其是记叙和描写的综合运用。通讯、叙事散文和小说等文体是它的“用武之地”。其使用要领是：注意“叙”与“描”的内在联系和量的均衡比例。

1. 先叙后描，以描补叙

请看丁玲的《曼哈顿街头夜景》中的一段文字：

> 去年十一月四日，我到了纽约，这是世界上最大的城市之一。傍晚，我住进了曼哈顿区的一家旅馆，地处纽约最繁华的市区。夜晚，我漫步在银行、公司、商店、事务所密聚的街头。高楼耸立夜空，像陡峻的山峰，墙壁是透明的玻璃，好像水晶宫。五颜六色的街灯闪闪烁烁，远远近近，高高低低，时隐时现，走在路上，就像浮游在布满繁星的天空。汽车如风如龙，飞驰而过。车上的尾灯，似无数条红色丝带不断地向远方引伸。这边，明亮的橱窗里，陈列着铮铮发亮的金银餐具，红的玛瑙，青翠的碧玉，金刚钻在耀眼，古铜器也在诱人。那边，是巍峨的宫殿，门口站着穿制服的巡警，美丽的花帘在窗后掩映。人行道上，走着不同肤色的人群，服装形形色色，打扮五花八门，都那样来去匆匆。

这里，作者先陈述她到了什么地方，然后又描绘出该地的楼房、街灯、车流等，使读者如临其境，倍感真切。

2. 先描后叙，以描托叙

让我们且以陈建初的小说《献给刑警队长的腊梅花》为例：

昨晚是除夕，上半夜还不算很冷，下半夜，突然一场暴风雪，温度骤降七八度，清晨一起来，到处是银白的世界，房顶上，树上，银装素裹，那公园里的松柏、盆景，像洁白的宝塔、顽皮的熊猫，静静地待着，好似睡熟了一般，动也不动，唯有那一片梅林，以它那苍劲的枝干，挺立在寒风中，用它那嫩黄的花蕊、淡幽的花香，笑傲着风雪，不知是哪些人家的小孩，穿着鼓鼓囊囊的羽绒衣，闹闹嚷嚷地跑上街头，堆雪人，打雪仗……

"哎呀！这里有个冬……"一个小孩惊叫起来。

这是公园旁边的一条大街，一个衣着褴褛、穿得可怜巴巴的流浪汉，倒卧在路旁一株枝叶飘零，还不断滴着雪水的法国梧桐下，他那破旧的棉袄湿漉漉的，身旁还斜倚着一根竹棍和一只破旧的竹篮。看样子，他是个逃荒的农民，大概是由于劳累不堪，饥肠辘辘，又突然遇到这场暴风雪，实在支持不下去了。

这一段先描绘了一个银白的冰雪世界和欢闹的人群，后记叙了一个卧倒在街头的"流浪汉"。明眼人一看便知，这前描后叙之间所形成的鲜明对比正是作者的有意安排。

此外，还有边叙边描或边描边叙的，如海岩的《便衣警察》(第13章)：

周志明骑着车子，顺广场东沿的大马路由南往北奔观礼台来，马路上，人流如潮，似乎全没有了交通秩序；广场上，花海一片，密簇的花圈把方尖碑的基座层层叠叠地盖住，拥成一个白花花的花团。从几面大道上，仍然能看到一个个的花圈浮在人海中向方尖碑这边移动，整个广场构成了一幅既火热又严肃的画面，他心头涌上一阵激动，是一种连自己也说不出的十分复杂的激动。

这是边叙边描的一个例子。不论是边叙边描，还是边描边叙，两者均需融为一体，如自然天成。

（六）记叙抒情相结合或称融情于叙

记叙、抒情相结合是在叙事的同时（或借助叙事）抒发作者某种感情的综合表达方式，常用于回忆录、通讯和小说中。其使用要领是：所抒之情要于叙事中自然流露出来。如鲁迅的《为了忘却的记念》中的一段文字：

我记得柔石在年底曾回故乡，住了好些时，到上海后很受朋友的责备。他悲愤地对我说，他的母亲双眼已经失明了，要他多住几天，他怎么能够就走呢？我知道这失明的母亲的眷眷的心，柔石的拳拳的心。

在记叙事实的同时，跟上几句自然得体的抒情语句，把鲁迅先生对文学界的革命青年的厚爱及为革命献出儿子的母亲的崇敬之情表现得十分真切自然。

再如陈杰的《没有写出你的名字——致一位早逝的女民警》（原载1991年2月26日《人民公安报》）的几段文字：

你不该死。大学毕业刚刚9年，正是应该干点事业的时候。不久前，组织上刚刚提拔你为正科级干部，而且爱人刚刚分到了一套住房，从而解决了你们长期“借宿”的困难——那是几年多么闹心的生活呀，6平方米的小屋，难处的婆媳、姑嫂关系……在除掉了长期困扰着你的苦恼和忧伤的时刻，你怎么会离去呢？

但是，你真的离去了。

其实，你自己也没料到这样的结局。那次，在你刚刚住院不久，我随厅领导到医院看你。当时医生刚刚为你输完血，脸上红扑扑的，看到领导到来，你激动得脸更红了。你说，一定要配合医生治疗，早点出院，补回因住院而耽误的工作。你哪里知道，此时你的胃癌已到了晚期，腹水中已布满了癌细胞，只是人们都在瞒着你。看着你，我忍不住一阵心酸。

这一段文字中，记叙和抒情结合得天衣无缝，于朴实自然的行文中表露着作者对逝者“你”的怀念和惋惜之情。

（七）议论、抒情相结合

议论与抒情相结合是在议论（或借助议论）的同时，抒发作者某种情感的综合表达方式，常用于政论、评论、按语等议论性文体或报告文学、小说等记叙性文体。其使用要领是：语意恳切，精妙有致（多用警策、排比、对偶、反问等修辞手段），给人以理真情挚之感。例如，闵闻的报告文学《交通民警的苦辣酸甜》中的一段：

也许姑娘在回家的路上已经看到了刘景明的身影，也许姑娘在穿过拥挤的人群时就谅解了他，反正这次失约并没有影响他们之间的关系。不过姑娘也有自己的想法：刘景明啊，你是好人，就是约会没有一次准时，说话没有一次算数！当交通民警，一天到晚风风雨雨的，还得罪人挨骂，干吗非得干这个工作呢？有机会还是想法儿挪挪吧！

小伙子可不这么想，他很爱交通民警这一行。当交通民警，辛苦、劳累，这都是事实，可站在岗台上，看着南来北往的车辆在自己的指挥下顺利通过时，心里那种滋味，也是别人体会不到的。

通情达理的姑娘，请尊重小伙子的职业选择吧！

爱，就是心心相印。

爱，就是理解和尊重。

爱，就是给予和奉献。

谁让你爱上了一个交通民警呢？

（八）描写、抒情相结合

描写与抒情相结合是在描写人物、景物、环境的同时，于字里行间喷涌着作者某种爱憎褒贬之情的综合表达方式。人们平时常说的借景抒情、借物抒情都与此相关，常用于报告文学和小说、散文等文学作品里。其使用的要领是：以描写为主，寓抒情于其中。如微型小说《河边，那片小树林》（王新南作，原载1989年10月21日《西安公安报》）的几段文字：

温柔的风，携着温柔的阳光，撩起淡绿色的窗帘，洒进你的居室……

于是你想到河边，那片迷人的小树林……哦，那里曾是你和她初恋的地方，青葱的林涧下温馨的恋爱。

哦，这春天的风，如此轻柔，如此温柔，秀发如柳，一任春风撩逗。

……

哦，小树林又恢复了宁静，风吹树叶，沙沙作响，似在为你演奏一曲深情的歌，为你昨日在这里洒下的爱，为了你今日在这里留下的情……

该篇中的描写兼抒情，恰如其分地为小说渲染了一个极其温馨、静谧的气氛，对于表现主人公的美好情操起到了很好的衬托作用。

（九）叙、描、对话兼备

叙述、描写和对话的兼备是指在叙事描人时，辅以人物对话的综合表达方式，常用于人物通讯、报告文学和小说。其使用要领是：三者密切配合，转换自然，叙描生动，对话富于个性色彩。如1988年1月5日《法制日报》刊登的《买香瓜的小姑娘》中的有关文字：

我不由一怔。"继母对你怎么样？"小姑娘没有答话，却从腮边滚下一串泪珠。

"你继母来你家几年了？"

"5年了。"

"还有小孩吗？"

"生个小弟弟，4岁了。"

"那么……"反正一时闲着无聊，我索性同她闲唠。可是，当我正眼打量小姑娘时，发现她身体十分单薄，那清瘦的脸蛋上闪动着一双明澈的大眼睛，而眼里分明饱含着忧郁。哦，我明白了，继母对她不坏，她在为继母忧伤……我有些感动了，挑一个最大的香瓜递给她，"难得你对继母的一份孝心……"

"不，不是。"小姑娘递过钱，摇摇头说，"我怕继母死了，小弟弟也会有继母。”

这几段文字有记叙，有描写，更有对话，最后一句尤其令人动容。三种表达方式，互相配合，融为一体，共同为展开故事、表现人物、彰显主题服务。

（十）夹喻夹议

夹喻夹议是在阐明道理时，把比喻文字用于其中的表达方式，一般设喻需记叙，阐明事理需议论，常用于杂文、评论等文体中。其使用要领是：喻要恰切，喻毕理出，以达到形象说理的目的。如评论《从孙武教战说开去》（原载1989年2月26日《西安公安报》）中的有关文字：

古代有一则“孙武教战”的故事，说的是孙武以兵法训练宫女，宫女大笑；予三令五申，晓之以理，再行操练，宫女还是大笑，吴王二妃尤甚。孙武便按军法当着吴王的面斩了这两名王妃，于是，宫女们不敢再笑，认真操练起来，与前大不相同，“左右，前后，跪起，皆中规矩绳墨”，进而朝纲大治。

由此笔者联想起现实生活中发生的事：中央三令五申，要求压缩社会集团购买力，但1988年1至10月全国社会集团消费品购买力比1987年增长20.2%；中央要求压缩基建规模，事实上基建规模越来越膨胀。1988年1至8月全国基建开工项目多达1.4万余个，平均每天破土动工58个。类似此情形者，可以说俯拾皆是。令不行，禁不止，哄抬物价，倒买倒卖，伪劣假冒，偷漏税，索贿受贿等，已是泛滥成灾。

三令五申而不见其效，是手软，令出法未行，是没有动真格的。一旦像“孙武教战”那样，动了真格的，依法行事，问题就迎刃而解了。当然，笔者不主张唯惩办论，然而，必要的惩办是绝不可少的。

这篇评论，说古喻今、戒今，于夹喻夹议中，晓之以理，启示于人。若不设喻而直接说理，文章的说服力恐怕将大大削弱。

三、有关提示

（一）有主有次，因体而定

表达方式的综合使用不是“杂陈其上”，也并非搞平均主义，而是讲究有主有次、比例适当。一般来说，孰主孰次要依体而定。比如，公文则应以叙说（或叙议）为主，其余为次；论文则自然又应以议论为主了；至于报道类新闻稿件则主要应使用记叙文字，其余白描，对话之类只做辅助；而言论则为夹叙夹议。文学作品自然亦自有规格。

（二）注意排列得当、衔接自然

在上述有主有次，因体而异的原则下，还要注意一篇文章中几种表达方式使用的先后顺序，在为内容服务的前提下要力求排列得当，衔接自然。这个功夫，并非轻而易举就能达成，须长期实践方才解决得好。

（三）不必拘泥，宜于变通

本着写作行为的创造性特征，在表达方式的综合使用上，亦不必拘泥以上所举。在文为旨役的原则下作者尽可根据行文需要适当予以灵活变通。

（原载《公安文体写作导论》中国人民公安大学出版社 1996 年版）

简谈成语的运用

成话是汉语里一种特有的语汇形式，从语法学的角度来说，它作为一个定型化的固定的词组或短句，在语言实践中，相当于一个词，有着词的功能，起着词的作用，它可以充当句子的各种成分；从语义学的角度来说，它有着言简意赅、深入浅出、鲜明生动的特点。所以说话与作文时，如能恰当使用成语，将会增强语言的表达力和文章的感染力。现就正确使用成语一事，谈两点参考意见。

其一，力求从音、形、义三方面全面而准确地掌握，达到三会，即会读、会写、会用。

读音时应注意的是：有些成语中的个别字与平时（即常在的语言环境）念法不同（这种现象通常叫破读）。如“大腹便便”，其中后两字就不再念 biàn 而念作 pián（追其原因是因为其义转为“肥胖之状”了）。

如果成语的字原本就有两个读音，则又需根据该成语的意义确定准确读音。例如，“未雨绸缪”中的“缪”，要读作 móu（“绸缪”作修补讲），而不能读 miù（纰缪：〈书〉错误）或

miào（姓氏）；“量体裁衣”中的“量”，要读 liàng，如果读 liáng，意思就不对了。

还有一种情况，有些字在约定俗成中改变了它原来的读法。例如，“叶公好龙”的“叶”，按古音应读作“shè”（地名），现就读作“yè”了。

书写时应注意的是：在写前最好翻翻工具书，不能凭“想当然”。“停滞不前”中的“滞”，不能写成“止”，“视死如归”中的“视”，不能写成“誓”，“惩前毖后”中的“毖”，不能写成“避”，“礼尚往来”中的“尚”不能写成“上”，等等。更应强调的是，有时一个字错了，整个成语的意义也就会拧了。如“众目睽睽”，其中“睽睽”是“睁大眼睛注视”之意。如果误写“窥（音 kuì）窥”，不就全拧了吗？因为“窥”是缝中偷看的意思。

还有一点需说明一下，即多数成语只有一种写法（即每个字是固定的），而少数成语有两种甚至三种写法。如“毕恭毕敬”还可写成“必恭必敬”；“博闻强记”还可写成“博闻强志”“博闻强识”；“好高骛远”还可写成“好高务远”。

至于成语内“字义”的理解，因不少成语都是从古代传下来的，所以千万不可想当然地以“今义”解之，否则就会出毛病，闹笑话。比如，“走马观花”其中的“走”是“跑”的意思（古人说“走”用“行”），“是可忍，孰不可忍”，其中的“是”是“这”的意思（文言中属代词），而“孰”是“什么”或“哪一个”的意思（文言中属疑问代词，有时表比较与选择意，该处即如此）。

其二，注意成语的“成”与“活”。

所谓“成”，是指其意义上的完整性和结构上的固定性（或曰不变性）。在语言实践中，它具有一个词的语法功能。例如，说“塞翁失马了”就不行，只能说“这真是塞翁失马啊！”“朝三暮四”“九牛二虎”不能说成“朝四暮三”“十八牛四虎”，“落花流水”也不能说成“落叶流水”。关于这方面是比较容易理解和掌握的。

所谓“活”又有两种情形。

一是注意一个成语的原义与今义之间的变化，最好既了解原义又通晓今义，这样，用时才不至于出错。如“钩心斗角”，原形容古代宫殿建筑交错的结构（出自唐·杜牧《阿房宫赋》），现指各藏心机，彼此使绊儿。“出尔反尔”原意是“你怎样做，就会得到相应的后果”，现指反复无常，言行前后矛盾。再举两个变化更大的。例如，“不亦乐乎”原意是“不也很愉快的吗？”现常指事行发展到相当或者过甚的程度。“逃之夭夭”是形容桃树的长势茂盛，进而衬托男女爱情。可后人却把“桃”改作“逃”，便成了“逃之夭夭”，至此，其义自然相应变了。再者，有时在感情色彩方面也有变化。如“明哲保身”原是褒义，是说只有深明大义才能保全自身，现形容放弃原则，保住自己的恶劣处世作风，显然是贬义的。

二是用者在正确理解和熟练运用的前提下，也完全可以创造性地让成语为“我”所用，届时往往改变了某个成语原先的用法和意思。翻开古今名家名作，此类现象不乏其例。“胸有成竹”，一般指办事前心中已有了全面的考虑。可是清代著名学者章学诚老先生在《古文十弊》中就有新用。文中云：“自文人胸有成竹，遂致闺修皆如板印”，意思是“自从文人心里有了成见，便使妇女说话都像印版印出来的一样”。再如“对牛弹琴”原只有讽刺“牛”的意思，可是毛泽东同志在讲话里却来了个巧妙的反用，把讽刺“弹者”的意思加进去了。这是大家都很熟悉的吧！

另外，有些成语，本身有两种用法，如“竭泽而渔”，一是不顾长远意，二是形容剥削残酷。还有些成语，用了相同的字，但意思完全不同；或意思看起来相近，而实际上大不相同，使用时应当注意。前者如“踌躇不前”和“踌躇满志”，后者如“南辕北辙”和“分道扬镳”。

（原载《北京电大通讯》1982 年第 10 期）

公安写作及其教学

笔者主讲了十几年的“公安实用写作”，并在其基础上不断进行公安文体学的课题研究。其中经验教训自然不少，本文拟从公安业务用笔的角度，言及公安院校写作教学实践的改进与优化，仅供全国各类公安院校的写作教学人员参考。

一、公安现代化事业越来越需要写作，而现代公安写作又是多方面、多体式的

大家都知道，“说与写”乃是人们进行社会交际和信息传递的基本手段。其中“说”比较简单易行，但其一般只适用于同时共境的近距离交流，因而很难实现超越时空的远交流或大交流。而“写”借助文本、光盘或网络尽可赢得超越时空的高效率交流（历来人类文明、科技文化的传播与交流靠的就是先哲们的辛勤笔耕）。而值当今瞬息万变的信息时代，伏案走笔或敲击键盘便成了一个健康有为的现代人从事学习、工作以及其他各种社会实践活动所必须拥有的基本能力与手段。

至于面临当今信息社会、网络世界和知识经济时代的公安现

代化事业，在促其健康发展，进而赢得大公安、大治安的理想王国的过程中，“写作”亦越来越重要。我们可以毫不夸张地说，千头万绪、复杂纷繁的公安工作一天也离不开写作。其具体情形大致如下。

首先，大家知道我们公安机关是国家重要行政机关兼执法机关之一，因此在其发挥基本职能、开展各项业务活动的过程中，离不开公务文书的制作（包括通用类的行政公文、事务文书、法规文书和专用类刑事诉讼文书和治安管理文书等）；其次，为使公安大系统更灵活而有效地运作、为更好地贯彻实施“专门机关与广大人民群众相结合”的我国公安工作基本方针，“人民公安”便越来越需要加强透明度，搞好内外两个宣传，变封闭为开放，实现大公安与大治安，鉴于此，公安法制新闻宣传工作以及相应的稿件采写活动也显得十分重要；最后，在科技强警的战略决策启动下，为发展公安科技、为真正发挥理论的“反作用”，近年来我公安战线各部门各领域的研究之风日渐兴盛，所以科研报告和研讨论文之类也逐渐派上了用场。至于在职的研究生和本科生们则更需撰写较为规范的三段式学术论文了。

还应特别提及的是——绚丽多彩而又雄浑悲壮的公安生活交响曲本身，既向社会作家们提出了严肃而又艰巨的创作使命，又为我们圈内的“字警”们提供了得天独厚的创作条件（起码是素材优势）。因此据我所知，不少公安文化界的先驱与少壮们在拿好“公文”之笔的同时，业已大胆而热情地投身于法制文学、公安文艺的创作实践，并已有相当不错的作品问世。实践证明，我们公安队伍内部还蕴藏着这方面极大的潜能。

总之，如火如荼而又丰富生动的公安现代化事业需要各种功能和体式的写作，大公安内容的文本与光盘是公安业务大肌体的一个有机组成部分。

二、警察在全面提高主体素质的前提下，应该强化写作意识、提高写作能力

既然公安现代化事业离不开写作，那么，作为现代合格的警察就应该强化写作意识并拥有相应的写作能力。这里的“写作意识”具体包括两个层面：

一是身为各级领导的警官应看到“写作”的价值，进而重视文案工作；

二是每位民警要下决心学习写作，要敢于、勤于，进而乐于动笔，克服喜武惧文的老毛病。

而“能力”的拥有，又应从以下几个方面努力：

一是学好政策与法律，熟悉以本职为基点的现代公安业务；

二是丰富人文与科技知识，强化信息意识，活跃思维势态；

三是懂得写作行为的基本原理与规律（基础写作学要解决的问题）；

四是有较扎实的文字水平（加强笔下实践经验积累和语言学及语体学的学习）；

五是基本把握日常工作中所需要的文体及相关文种的撰写要领。

最后一点还想补充强调的是，在以往很长一段时间里，大家都认为基层民警只要会写行政公文、事务文书，顶多再加上个办案文书，就可以应付一切了。现在看来这老皇历不灵了！随着公安现代化事业的不断发展，公安公务写作的范围是多方面的，也是多体式的。正如前文所言，在很长一段时间里大家共识的“公安文书三小体”（即行政公文、事务文书和办案文书）如今应该更名改姓为“公安实用三大体”了。即公文体（原先的公安文书三小体）、新闻传播体和科技论文体（如今十分活跃的公安文

学还未囊括其中）。至于三大体内的相关文种自有很多，于此不再多说了。

三、针对公安工作用笔的实际需要进行教学改革，从而优化教学效果

以上就是公安工作用笔的实际，本着这个实际，笔者认为多年来公安高等院校普遍开花的写作教学尚有需要进一步改进之处。于此拟谈几点意见。

第一，关于教学目标的定位。

笔者认为应该定位在这样一个方圆上：既给学生或学员打好写作基础（即把握从事各类社会写作的基础知识），又能够让他们学会在公安实际工作中若干常用文体的写作要领和规范。

第二，关于讲授内容。

基于目标的如上定位，写作课的讲授内容应包括两个部分，即写作基础知识（揭示和介绍写作行为基本规律以及载体——文章构成及审美标准等）和各类公安实用文体的写作要领。这两者显然又是“有机统一”的关系，前者旨在给学生打下长远的“宽基础”；后者则又旨在有利于学生上岗后即能基本适应工作需要，写好有关文字材料。因此，我们在教学实践中切不可忽视其中任何一个部分。本科课堂不要一味讲“普遍原理”；专科课堂又不可因过多地讲授“文体法”而挤掉“基础知识”的学习。至于在课时比例上，笔者认为1∶3较为合适。再就是还要实施因材施教、因班而异的原则。就基础知识部分而言，应届本科班和大专班，鉴于中学语文课的学习基础，“基础知识”部分可从简；而在成人专修班，“基础”一块则又该多花点课时。至于文体及文种的选定，又应因班而异。在校的本科班和大专班“涉体”应完备一些，正如前文所言“实用三大体”（公文体、新闻

传播体和科技论文体）都要讲授。成人专修班或其他短期培训班，“择体”可更有针对性、更灵活一些，管理专业的应以公文体、新闻传播体和科技论文体为主；侦查专业的则又应把公安司法文书当作重点。

第三，关于课程名称。

以前的“基础写作”或“公安应用写作”“公安文书写作”等称谓，看来都不大合适，甚至不够科学。因为前者体现不出前文所说的公安实用三大体的内容；后两者又显得笼统模糊一些。况且，从传统上看，“应用文”这个概念一般不包括新闻与论文两体。据此，笔者认为叫作“公安实用写作”比较恰当，或者名曰“现代公安实用写作”。

第四，教法上的“引进”与“联系”。

所谓“引进”，是指对国内外文本写作和电脑写作研究新成果及有关动态信息的引进。比如，写作主体素质论、写作思维论和行为过程论等，而不能还仅仅停留在传统文章学的“四块论”（即主题、材料、结构和语言）的讲授上。所谓“联系”，是指与公安工作用笔实际的联系，而切忌照本宣科、纸上谈兵之类。为搞好“联系”，笔者认为应该努力实施三点：一是以来自“现场”的文书为实例讲授写法得失，而避免一味选用圈外的老旧的所谓“范文”；二是在讲授文种写法时，有针对性地指出“文之得失优劣”对于现场实际工作业务的干系；三是有条件时，主讲教师可交上几个“字警”朋友。

第五，联手编些比较实用的教材或教参。

鉴于写作课是全国大专院校普遍开设的公共必修课，因此由“高教”或“人教”等较为权威的出版社推荐的冠以“通用教材”头衔的教本是不少的。但“盛名之下，其实难副”，姑且不论其存在的问题和疏漏，仅就内容与体例等方面来看，对于我们的讲台是不太合适的。因为它与“公安工作用笔”相去甚远，靠它根本无法实现前面所说的“联系”（当然若从“引进”的角度，参考还是必要的）。所以教材和教参还是自己动手编写为宜（实际上，近几年来各校的教师业已编写了不少教材）。结合以往编写教材的经验教训，再要提醒同仁们的是：一是在基本理论方面可以适当参考“通用”本，体现现代性和前沿性（避免学科上的近视眼或曰小家子气）；二是编写组最好聘请和吸纳来自公安机关的有经验有水平的“笔杆子”，实践证明，“联手效应”是很好的。因为从理论上讲，公安实用写作是一门边缘性新学科，它始终包容着写作学、思维学、语言学和秘书学、公安学甚至案学、法学等多重学科内涵。

（写于2001年9月）

公安写作理论刍议

一、应该尽快建立公安写作理论体系

马克思主义认识论告诉我们，实践的重要决定了理论的重要，因为没有正确理论指导的实践将是盲目的无效劳动。在近十几年丰富生动的公安写作实践的基础上，为及时总结实践经验并使之上升到理论的高度；为给急需写作指导与教练的苦苦“挑灯爬格”的广大民警一个比较实惠而“对口”的写作行为“指南”，公安文化界、教育界的有识之士，应该立即行动起来，在充分发掘和利用现有成果的基础上，通力合作，集思广益，尽快建立科学而完备的公安写作理论体系。

二、关于公安写作理论体系的两个基本范畴

公安写作理论体系的两个基本范畴是：公安基础写作学和公安文体写作学。前者即为兼以公安学和写作学为基本原理先导，对基于反映公安、服务公安宗旨上的公安写作行为特征及普遍规律的专门研究；后者则是在前者基础上，进一步对各类公安文体

（诸如应用体、新闻体、论文体和文学体等）的功能特点及撰写要领的专门研究。显然，两大范畴对立统一，既有区别又有联系。当然，在这两大范畴包举下，作为完备的公安写作理论体系，自然还包容若干纵向或横向的专题研究。比如，公安写作发展史话、公安新闻采写专论、公安文学作家作品研究等。

三、公安写作理论体系的特征

（一）功利性

即其始终以"写作"如何更有效地为公安工作服务、为公安现代化服务为研究的根本宗旨。它是公安理论体系和警察文化园地的有机组成部分。它还是旨在实现广大公安民警现代化、智能化的必修之课。

（二）边缘性

即公安写作理论体系必须以公安学和写作学为基本理论先导，同时在若干子系统里还广泛涉及法学、案学、秘书学、管理学、信息学、思维科学、逻辑学、新闻采写学、文艺学和语言学、修辞学等。

（三）新兴性与实践性

即作为一门边缘性、应用性行为科学，它是在当代我国公安事业蓬勃发展和公安写作实践日趋活跃的现实基础上提出来的。因此其带有新兴性、实践性。当然，所谓"新"也是相对而言的。据笔者所知，从20世纪50年代起，我国就已经出现了一些有关公安写作方面的理论著述。

明确以上三个特征，将有助于大家的研究并使之卓有成效地深入下去。

四、根据"现状"确定一期工程

作为公安写作理论体系的第一范畴，公安基础写作学在近年来颇有建树，已经有了不少的专著和论文（恕于此不一一列举）。此外，一个可喜的有利的情况是，一些公安高等院校在讲授基础写作课时，鉴于其特定的教学目的与对象，主讲教师都程度不同地融进了“公安写作”，通过多年积累，实际上已为公安写作理论体系中的第二范畴，即公安文体写作的研究奠定了一定的基础，其中特别是关于公安应用写作这一分支。就研究队伍而言，也有了一定的阵容。

针对如上现状分析，笔者认为建立公安写作理论体系的一期工程，应该是在有关高层领导机关的牵头下荟萃全国有关精良先拿下“公安基础写作学”和“公安文体学”两个主干。该文后附有笔者试拟的有关这两个“主干”的研究与编写纲目，请同仁们参考。

附一：“公安基础写作学”纲要

导　言

一、公安基础写作学研究对象范围及宗旨

二、学科性质及特征

三、公安基础写作学的现状及发展

四、学习和研究公安基础写作学的方法

第一编　公安写作行为概说

　第一章　公安写作行为宗旨及原理

　第二章　公安写作行为特征及过程

第二编　公安写作主体

　第三章　公安写作者的素质与能力

　第四章　公安写作者素质与能力的培训

第三编　公安写作载体

　第五章　公安写作文体类别

第六章　公安写作文本内容要素
第七章　公安写作文本形式构件
第八章　文本拟写标准与要求
第四编　公安写作实践要领
第九章　准备阶段的积材实践
第十章　构思阶段的有关要点
第十一章　行文阶段的主要工作
第十二章　表达方式及语言修辞
第十三章　稿件与作品的常见技法
附录：
公安基础写作学主要研究者及其著述略录

附二：“公安文体学”纲要

导　言
一、公安文体学研究对象、任务及宗旨
二、学科理论体系及其性质特征
三、公安文体学的发展现状
四、学习和研究公安文体学的方法
第一编　公安应用文体
第一章　公安应用文体概说（价值、特点与现状）
第二章　公安应用文体拟制要领（行为规律及文本规范）
第三章　公安行政公文写作
第四章　公安事务文书写作（含公安法规文书）
第五章　公安司法文书写作
第二编　公安新闻文体
第六章　公安新闻文体概说（价值、特点与现状）
第七章　公安新闻采写要领（采访行为要求及文稿编写原则）

第八章　报道类稿件及其采写
第九章　言论类稿件及其撰写
第十章　副刊及其采编技巧
第十一章　公安内部刊物的编辑
第三编　公安学术论文写作
第十二章　公安学术论文概说（价值、特点与现状）
第十三章　公安学术论文及其撰写（笔前功与笔下功）
第十四章　业务短论及其写作
第十五章　学位论文（学年论文和毕业论文）及其撰写
第十六章　科技报告和科研简报的编写
第十七章　公安学报及其编辑
第四编　公安文艺创作
第十八章　公安文艺创作概说（宗旨价值、特点及现状）
第十九章　公安文艺创作要旨（主体、客体、载体和受体）
第二十章　公安题材小说及其创作
第二十一章　公安题材诗歌及其创作
第二十二章　公安题材报告文学及其创作（人物、案例和问题）
第二十三章　公安影视脚本创作
第二十四章　公安文艺评论及其写作
第二十五章　其他（杂文、散文及说唱文艺等）

（原载《公安文体写作导论》中国人民公安大学出版社 1996 年版）

第二辑

应用文体写作

关于公文写作要旨

一、对公文的基本认知

公文，指社会团体和企事业单位在实施行政管理和开展各项公务活动中形成和制用的有着规范体式和法定效力的不同种别的文字工具的统称（与论文、新闻稿件和文学作品不同）。从时下看，除传统观念上的最为正宗的行政公文以外，还包括事务文书和各类专门性业务文书。

文件是公文的一部分，它是各领导机关为履行自己的职权而形成和往来收发的具有重要内容、规范体式和严格处理程序的“高档”公文，因版头铅字颜色不同，一般有红头文件和白头文件之说。而平时大家所说的“文书”，即指档次低于文件的一般“公务文书”。

从目的与作用上看，它是实施行政管理或开展公务业务活动过程中形成的文字工具，是根据工作需要而制用的，所以在其正常的运行和办理过程中有着法定效力和现行作用。

公文的作者是法定的机关单位，个人只是代表“公家”执笔草拟，所以拟文和办文都有着程序化、规范化和格式化的约束与要求。就前者（指拟文）而言，在行文关系、行文时限、文种选用、撰写步骤、“正文”内容及其表达方式等各方面都有着统一的规定与要求；物化文本也有着规范体式。

党和国家历来十分重视公文的处理（包括拟文、制文、办文、管文、存文等），这里只把最具有现实性实践价值的党中央和国务院颁布的有关公文处理的两个法规性文件介绍如下：

第一，《中国共产党机关公文处理条例》（1996 年 5 月 3 日中共中央办公厅印发，以下简称《条例》，共 12 章 40 条）。

第二，《国家行政机关公文处理办法》（国务院国发〔2000〕23 号文件，自 2001 年 1 月 1 日起施行，以下简称《办法》，共 8 章，另有“附则”57 条）。

两个文件既是机关公文处理工作的权威性指南，也是秘书学、文书学教学与研究有关“公文”部分的基本依循。

此外，人大机关和中国人民解放军机关也有相应的跟以上两个文件原则精神一致的指导文件。

两个文件规定党政公文有 18 个文种。

《条例》第 2 章第 7 条规定，党委机关的公文有 14 种：

＊决议、决定、＊指示、意见、通知、通报、＊公报、报告、请示、批复、＊条例、＊规定、函、会议纪要（带“＊”的 5 种是其特有的）。

《办法》第 2 章第 9 条规定，国家行政机关的公文有 13 种：

＊命令（令）、决定、＊公告、＊通告、通知、通报、＊议案、报告、请示、批复、意见、函、会议纪要（带“＊”的 4 种是其特有的）。

相同的以一种计算，所以加起来共有 18 种。

（一）公文分类

1. 从功用上分两大类

（1）通用类公文，即党政人军各级机关和团体、企事业单位在实施管理活动中普遍使用的公文群。其中又分为两个类别：即党政行政类（前文提出由两个文件规定的18种）和事务文书类（比如，计划、总结、简报、会议讲话、机关大事记等）。

（2）专用文书，即各业务部门根据特殊工作需要而专门拟写制用的文书群。比如，军事、外交、司法（含公安治安）、科技文教、金融统计、财经会计、礼仪公关和旅游等。

2. 从发传范围上分两类

（1）内发公文，即机关内部运行的公文，俗称白头文件。

（2）外发公文，即通过文书机要部门或邮电部门封装传送至其他机关的公文，俗称红头文件。

3. 从行文方向上分三类

（1）上行文，即下级机关呈送给上级机关的公文，如报告、请示等。

（2）下行文，即上级机关下发给下级机关的公文，如指示、通知。

（3）平行文，即一个系统内同级机关或不相隶属机关之间来往运行的公文，如函、议案和知照性通知等。

4. 从公文递送途径上分两类

直接行文和间接行文，前者即直接传送给承办或执行的收文机关的公文；后者即不直接给承办或执行机关，而是传送给中转机关，再通过中转机关的批转或转发，最终达到行文目的的公文。

5. 从机密等级上分三类

绝密公文、机密公文和秘密公文。

6. 从时限上分两类

急件（党委机关文件又分紧急和加急）和特急件。

7. 从格式上又有“文件格式的”和“信函格式的”两种

另外从行文方式上还有“行文”和“正式行文”之分，至于行文规则上的类称见本篇“二（三）”。

（二）公文稿本及相关名称

公文稿本是公文文稿和文本的复合简称，依拟写步骤和具体用场不同，稿本有不同的名称，这里分两组简单介绍一下。

第一，拟写步骤上有草稿、讨论稿、送审稿、征求意见稿和定稿等不同稿本。

草稿，即执笔人初起草的稿子，它是审核修改讨论和最后签发的基础，重要的文件会有多份。草稿本身依其先后可称为初稿、二稿、三稿等。作为草稿因其所用不同又有修改稿、送审稿和征求意见稿等之称。

定稿，即经反复修改、签发或会议讨论后通过的最后完成稿。它是公文的标准稿本，也是印制正本的依据。

第二，因性能用场不同又有正本、副本、存本、试行本、暂行本和不同文字本等。

正本，即供外发外用的公文正式文本，其上必须有发文机关的印章和或有关领导人的签署，它具有“法定效力”，是收文机关办文的依据。

副本，亦称抄本，原义是指根据正本抄写或复制的公文文本，如今鉴于印刷技术的发展和工作节奏的加快，发文机关可以在印制正本的同时印制副本。收文单位亦可自己复制若干份副本。副本的功用是代替正本在“更大”的范围内供传阅、参考和备查，但副本本身没有“法定效力”。

存本，即发文机关自存的公文铅印本，有时多达三或五份，其中立卷归档的一份叫正式存本。

试行本，即有些法规性公文（如《条例》《办法》和《规定》等），鉴于内容有待实践检验，便先以“试行”的名义发布的文本，就叫作试行本。其在试行期内修订之前无疑具有“法定效力”，所以有关部门必须认真“执行”。待经修订发布了正式本后，它即随之失去效力。

暂行本，跟试行本接近但又不同，即制发机关认为公文内容还不很成熟拟施行一段时间后再修订，便在公文标题文种前加“暂行”二字，这就是所谓的“暂行本”。

不同文字本，即指公文的国内各少数民族文字的文本（在少数民族自治区常常使用）和各种外文文本。为避免理解上的争议与分歧，届时需要明文规定以某种文字（外交文书里常以第三国的文字）的文本为准。

二、拟写常识与原则要求

（一）公文格式要规范

公文格式要规范，即通常说的格式问题，见《条例》第3章和《办法》第3章。

公文内容、性能与运行上的特殊性决定了公文文本规范化、格式化的特点。具体包括用纸规格、文面格式、书写规格和装订方式等四个方面，这里先介绍文件格式类的文面格式（信函格式）。

为充分体现公文的制用的严肃性、规范性和权威性，为便于各级机关的拟文、制文、办文和管文，《条例》《办法》和《国家行政机关公文格式》（1999年由国家质量技术监督局批准发布）对公文文面格式都做了统一规定。其对公文处理的诸环节（包括公文的拟制、办理、整理和立卷归档等）的准确、及时、安全和保密等将起到一定的保证和便利作用，所以大家应该重视之、熟悉之，并认真照办之。

公文的文面由眉首、主体和版记三部分构成，每部分内又有若干标注，一般有15个标注。另外还有4条反线（1红3黑）。

1. 眉首（文头）

公文首页红色反线以上部分，包括保密等级、紧急程度、发文份数号、发文机关名称、发文字号5个标项（重要上行文还有签发人）。于此说明一下后两项写法。

（1）发文机关名称在首页上端中心处（距版心顶部25mm），用红字标识，要全称或规范简称，其后再加印“文件”二字。

（2）发文字号（简称字号），即指该机关年度内所发公文的顺序号，故一般由发文机关代字、发文时间（用方括号）和序号三部分构成，用三号仿宋体字，比如“国办发〔1993〕81号”（序号前不应加“第”）。标注位于版头下空两行左侧。没版头的标注在标题右下方。

2. 主体（文身）

包括标题、主送机关、正文、附件、成文时间、发文机关印章和附注7个标项。主体和版记两部分跟拟文办文的操作人关系更为密切，所以秘书朋友们应多加注意。

（1）标题，即公文的题目。其完整型公文标题由发文机关名称（印有文头的下行或平行文可省略）、事由和文种三部分构成，即常说的三迭式标题，比如《国务院关于大兴安岭特大森林火灾事故的处理决定》。标题长时要分两行甚至三行排印并注意分行的恰当（事由部分以及人名、地名、书名和数字等不要拆开以免产生误解和歧义）和排列的美观对称。

另外，决定、决议、条例、规定和公告、通告等文种的标题下常有“题注”一项。

（2）主送机关，指收文办文的主要受理机关（送请答复的领导机关、承办执行的下级机关或其他主管机关等，还叫作收文机关、受文机关或上款）。主送机关标注位于标题之下，左侧顶格处，其后用“冒号”，用三号仿宋字体。重要的上行文只有一个主送机关，下行文则有多个主送机关，公开发布的公文则无需标注主送机关。

（3）正文，即一篇公文的内容部分，应该说是公文的核心部分。所谓“公文拟写”指的就是起草正文。其在主送机关下一行开始排印，每起段时要空两个字格，回行时再顶格。但遇有数字、年份和引号、括号、破折号、书名号、省略号时则不能回行。

（4）附件，是指“正件”所附的文字材料。公文若有附件时则应于正文结束后空一行，左侧空两格处用三号仿宋体标注“附件”二字以及冒号，然后列出附件的具体名称。

标注“附件”要注意三点：一是附件名称后不要加标点符号；二是文字如果超过文面竖向中分线时应另起行；三是跟公文正件一起装订，如果不能合订的话，则应在附件首页左上角第一行标识公文正件的发文字号并标出附件的序数号。公文的附件很重要，有时本身就是“正件”的组成部分，所谓“有时”主要指两种情形：一是用令或通知发布“条例”和“规定”等法规文件时；二是使用通知转发、批转有关文件时。

（5）成文时间（署时），即指公文生效的时间（一般以负责人签发日期为准）。一律用汉字书写（只“零”要用“〇”代替），标注位于文面右侧空四格处，至于上下位置则应该依机关或部门印章的大小适当确定。

（6）发文机关印章（含领导签署姓名）。发文机关印章是公文作者的合法和公文“法定效力”的重要标志，所以除会议纪要外，一般行政公文都必须加盖公章。位置在正文下一行并压在成文时间中间（所谓骑年盖月）。联合上行文，加盖主办机关的印章；联合下行文，则发文机关都应加盖公章。以机关主管领导名义发出的公文，公章外还要加盖个人印章。

成文日期和机关印章，平时合称为“下款”。

（7）附注，相当于一般文章的注解，一般是标注公文的“阅读范围”。重要公文有时还有其他就“正文”里某词语或某人、某事的注解。标注位于成文时间下一行左侧空两格处，用3号仿宋体，外加“圆括号”，比如“（此件发至县、团级）”。

3. 版记（文尾）

其包括主题词、抄送机关、印发标记（印发单位、印制时间和印发份数）等3个标项。

（1）主题词，是近年来为适应办公自动化手段（主题词检索法），为便于立卷归档而增设的一个新标项，即根据一份公文的具体情况从国务院或各国家各行政部门规定的主题词表里选择2至5个词组（顺序是从大到小，从内容到文种）作为该公文的主题。例如，“主题词：交通　管理　事故　处理　办法”。标注位于版记区第一行左侧顶格处其后加冒号，用三号仿宋体印出。每词组之间空一格，但不加标点符号。

（2）抄送机关，指对公文需要了解和协办的机关，其与主送机关相对。从实际情况来看，抄送机关既可以是上级、平级、下级，亦可以是不相隶属的机关。其标注位于主题词下一行，左侧后加冒号，几个抄送机关之间用顿号隔开。

主题词与抄送机关之间还有一条黑色反线。

（3）印发标记（印制版记），由印发公文的承办单位（即发文机关的办公部门。它承办公文的盖印和封发等事宜）、印发时间和印发总份数三个环节构成，标注位于抄送机关下一行，印发承办单位在左、印发时间在右（文面两边各空一格）、印发份数在印发时间下面用圆括号，也用三号仿宋体。

印发标记跟抄送机关之间和印发标记之下还各有一条黑色反线。

（二）行文原则（参见《条例》第4章和《办法》第4章的若干条款项）

1. 确有必要

其包含两层意思：一是行为主体（指各发文机关）要具有行文资格（即党政军机关、人民团体、具有行政职能的事业单位和机关下属的业务主管部门）；二是只有在确有必要的情况下才能发文。其中可发可不发的就不要发（即发文要“精”），再者对已决定行文的，内容也要尽量紧凑集中，篇幅尽量简短（即发文要“简”）。

2. 注重实效

为体现和赢得公文运行的实效，大家应特别注意以下几点：

（1）行文前主办机关或部门一定要跟有关机关或部门碰头协商并争取在观点和意见上的一致。

（2）注意保守秘密。保守国家秘密本是公民的义务，拟写公文时更应注意保密这个重要环节。一是根据内容恰当准确标注密级密期、发送范围和传递方式等，二是即使不公开发布也不需标注密级的，也要按内部公文运行和管理而不得擅自外传。

（3）一般情况下应多用直接行文或逐级行文的方式，而尽量“不越级”（参见下文“（三）行文规则”有关内容）。

3. 坚持行文“分道”的原则

所谓“分道”，是指作为发文机关内部应针对“事由”各司其职分别行文。全局性、决策性的问题由机关名义行文；局部性业务问题则由主管部门行文；一般行政管理事务则应该由办公厅（室）行文。

（三）行文规则

1.《办法》第4章第14条规定，按照“各自的隶属关系和职权范围”行文

为恪守这一条基本规则，秘书们在观念上一定要弄清和理顺本机关跟其他上下条块之间的组织关系和行政关系。

2. 恰当择用行文方式

根据以上所说的行文基本规则，《条例》和《办法》又明确了若干行文方式，即逐级、多级、公开发布（直达）、越级和联合等。

（1）逐级行文，即按照隶属关系上级或下级机关之间的行文。本着公文办理注重实效的原则，尽量采用逐级行文的方式（避免公文旅行）。

（2）多级行文，即向多个上级或多个下级的行文。

（3）公开发布，即用登报、广播或张贴的方式公开发布的公文。

（4）越级行文，即越过直接上级（上越级）或直接下级（下越级）的行文。

（5）联合行文，即指两个或两个以上的机关，通过商洽和会签后的共同行文。

其中关于越级行文和联合行文还有具体规定：

①关于越级行文。《条例》和《办法》都有着一般尽量不要越级行文的原则要求，只有在极其特殊情况下才允许越级行文，届时还应该同时抄送被越过的直接上级（顶头上司）。

“上越上行”的六种“特殊”情况：一是遇有紧急情况或突发事件（战争或重大灾情）；二是向直接上级请示多次而未得到

批复或解决问题；三是跟直接上下级有原则争议而无法解决的事项；四是检举和揭发直接上级的违法违规行为；五是由直接上级交办并指令可以越级上报的；六是有必要越级询问与联系个别的具体事项。

“下越下行”的三种特殊情况：一是事关紧要不越级可能误时误事之时；二是针对具体公务联系；三是答复越级上报的事项。

②关于联合行文。一是同级同类机关、同级机关的各个部门、上级机关的部门与下级机关、党委跟同级政府和军队、政府部门跟相应的党组织和军队机关、政府部门跟同级人民团体和具有行政职能的事业单位等可以联合行文。二是联合行文应该坚持确有必要、“联家”不宜过多、明确主办机关、履行会签手续（主办先签署、协办依次签署）。党政军机关联合行文的发文机关排列顺序依“党政军群”的惯例顺序排列，行政机关的联合行文则又应为主办在前、协办在后。再就是只能标注一个发文字号（一般是排列在前面的机关，届时还可以协商确定）。

3. 依照目的和隶属关系选用文种、时限、主送与抄送

主送机关即指主要受理（包括答复和主办）机关，重要上行文一般只有一个主送机关，下行文一般有多个主送机关。抄送机关，即需要了解和协办的机关。因情况不同其既可以是上级机关、平级机关、下级机关，亦可以是不相隶属的机关，届时都要安排妥当。

（四）行文步骤（见《条例》第5、第6、第7章和《办法》第5章）

三个重点环节分别是接拟、草拟初稿和修改。

1. 接拟（也叫交拟）

接拟，是指领导人或秘书部门将草拟公文的任务交给起草

人，届时起草人要在“交接对话”过程中明确拟文目的意图、时限、文种、发送机关（主送、抄报等）主旨以及对收文机关的具体要求和阅读对象范围等。

2. 草拟初稿

为不打断思路，执笔人应尽量集中精力先拟出第一稿。如果是集体起草，应用统一的公文稿纸。动笔前应再碰碰头明确内容分工、提法口径和语体风格等。

3. 修改

修改，有大小、多少、增删之分，但不管怎样，都要认真。

（五）行政公文的几个基本要求

第一，内容方面：原则上应该合乎我国现行的法律法规和大政方针政策，还需与相关文件做到内容的契合与历史的联系；行文要有针对性，内容要集中（为此应注意详略剪裁和语言的精练）；有关事实、数据等材料应真实可靠，人、时、地和引用文字等均应准确，做到不浮不夸；观点要明确，指示、意见和通知等下行文里的“指示和要求”要切实可行。

第二，文风端正，结构力求严谨，文字力求规范准确生动。

第三，文种选用恰当，格式规范。

第四，数字、标点和计量单位的使用要遵照国家法定方案。

（六）公文表达的基本要求

对写文章而言，表达水平之高下对内容传递和阅读效应至关重要，所以公文在保证内容可行、格式规范的基础上，还需表达的得力和得体。

1. 结构严谨、平直、富于逻辑性

整体上一般呈“枣核形”，即头和尾（引言和结语）两块“小”，中间“主干”部分“大”，写者应把功夫下在“主干”部分的层次安排上。或总分、或纵横交叉式等又因文种和行文目的不同而有所变化，不过，像一旨贯中、首尾圆合、过渡照应等是必须做到的。

2. 文字表达

书面语的运用历来是各类文章写作的要素之一。公文语体更讲究遣词造句的“软功夫”。所谓“软功夫”，即它并不依靠什么高妙的积极修辞之类，而仅仅要求于规范准确生动而得体之中赢得文从字顺、词约意精的效果。

（1）规范，一是汉语书面语的规范，即恪守汉语语法，诸如虚实词的配合、单复奇偶句的间用，主谓宾定状补的搭配与规范的语序等。一般不宜出现俗语口语和方言之类。二是公文语体与文种固定用语的规范。三是数字与标点的规范。

（2）准确，即指对公文内容、事实数据和文件引用等表达的准确无误。不过，必要时还要用“模糊修辞”，即涉及尚未确定之事物、不宜公开的国家机密和只需略写的次要内容等使用模糊修辞。

（3）生动，注意句式的多样和表达方式的交叉使用。表达方式是思维表述的基本手段，就汉语写作来说，表达方式共有六种，即记叙、说明、议论、描写、抒情和对话（当然还有相关的变种，即夹叙夹议、夹叙夹描、边叙边说、论说相间等），从文体写作角度而言，某种文体总是以一两种表达方式为主。公文里或陈述事实，或说明情况，或分析事理，或拿出意见，常常是相互联系、彼此承接，所以正需要记叙、说明和议论三种表达方式的交叉与结合。至于描写、抒情、对话之类则很少使用。

（4）得体，简言之即严肃雅正，不浮不涩，语气口吻应跟行文内容和行文关系相契合。

（写于 1998 年 3 月）

简谈公文的语言美

公文是党政机关之间为正常顺畅地开展行政管理并优化管理效果而制用的，其流通范围是上下级之间和相关部门之间，其作用是交流传递、信息沟通与实施指导等（所谓11个动词：传达、贯彻、发布、施行、请示、答复、指导、布置、商洽、报告、交流）。因此，它是一种最为实际的必要和有价值的写作。针对有些中基层公文表达平淡干涩、不生动的毛病，本文拟重点谈谈如何赢得公文的语言美。

语言是一切事实和思想的外衣，是生成各类文本书册的“技术性材料”。对于公文而言，其语言表达应达到“规范、准确、生动、平实、简明”的审美要求。

（一）规范

其有三层意思：一是要合乎汉语语法；二是口吻表达要与文种、行文关系相符合，诸如上下行文、指令及商讨交流等；三是数字与标点的规范。于此再具体说明一下公文常用的两种词语：

1. 带有文言味道的惯用词语

称谓类：贵、该、本、我、你、你局等。

起首类：经、拟、奉、为、悉、业经、经由、通过、遵照、根据、现将、值此、欣悉、承蒙、经查、兹定于等。

结尾类：为荷、为盼、专此、切切等。

征询类：当否、妥否、可否、有无不当等。

期请类：请、敬请、提请、拟请、恳请、呈请、送请、尚盼、如蒙、务希等。

表态类：同意、可行、照办、不可、不妥等。

事由类：就、关于、兹就、兹因、兹派等。

过渡类：特此、现将、对此、为此、总之、综上、鉴此等。

附列：

奉/贵/务/谨致/谨/敬悉/见示/见教/见谅/函请/函邀/函复/函告/奉告/奉还/光临/莅临/此复/盼复/切切此告/得悉/收悉/电悉/详悉/阅悉/为好/为妥/根据/遵照/按照/为了/现将/兹将/兹有/拜托/均系/确系/不予/不妥/不宜/不符/为妥/为盼/为要/为荷/发布/颁布/宣布/存档/不力/不法/报请/呈报/报批/报经/呈递/恳请/呈请/提请/务必/务求/务请/特此/特予/不得/不宜/严禁/严加/严守/切切/切实/切记/切勿/总之/综上/经查/径送/径自/业经/拟经/接洽/存案/拟定（拟订）/商洽/协商/会商/商榷/承蒙/届时/及时/赓即/即日/当即/立即/可否/是否/妥否/速告/转告/电告/备考/备查/备案/申请/申诉/申报/申论/申说/申述/申辩/审定/审订/审核/审查/审阅/审批/审理/审议/核实/核准/核对/查询/查明/查封/查访/查收/追究/追查/考查/考核/复查核/复议/校订/校阅/鉴别/责成/责令/履行/承诺/渎职/委任/参照/参考

请批示/请指示/请复示/兹介绍/兹定（订）于/总而言之/综上所述/不实之词/盼予答复/研究执行/参照执行/贯彻执行/遵照执行/酌情执行/意见如何/是否妥当/上情下达/下情上达

2. 文种固定用语

其多在正文末处，但亦有在正文里面的，前者如请示的“妥否，请批示”，通告的“特此通告”；后者如通知的“现将有关事宜通知如下”，决议和会议纪要的“会议决定”“会议指出”“会议认为”“以上指示望认真贯彻执行”等。这种文种固定性常用语在一些专门公文里（如司法文书和外交文书）使用率更高。

（二）准确

准确，即古人所说“修辞立其诚”，绝对避免歧义。具体而言，即叙事准、说明准、阐述论说准、引用准、概念术语准和数字准、标点准等。还有前篇文章提到的模糊修辞，再就是阈语和术语的准确运用。

（三）生动

公文表达的生动自然不需靠文学作品里的积极修辞，其主要靠的是表达方式和句型的多样化使用。下面做两点提示：

1. 表达方式讲究记叙、说明和议论的综合使用

记叙又多见概叙、引叙、总叙和分叙四种。说明则多用时间说明、空间说明、分类说明、举例说明、数字说明、图表说明、对比说明等。议论，不宜长篇大论，而只是用夹叙夹议、分析归纳和引证等。

2. 关于多样化句型的使用

（1）长句、短句、单句和复句的交替使用。

（2）公文里陈述句和说明句用得较多，为增加变化性，活泼感，应适当穿插疑问句、反问句、设问句和感叹句等。

（3）为增强节奏与语势，还应注意相连语句的对称整齐。比如秦代李斯《谏逐客书》里的一段："孝公用商鞅之法，移风易俗，民以殷盛，国以富强，百姓乐用，诸侯亲服，获楚魏之师，举地千里，至今治强。"

（四）平实与简明

这是文风问题，即力求简明扼要、言简意赅、不拖泥带水。为此正可以借鉴古代的春秋笔法（孔子修订《春秋》史书时所用的笔法），争取于朴素自然的叙描（白描）之中寓笔者之褒贬，即正如前辈顾炎武先生云"不待论断而叙事之中即见其质"。

（写于1998年3月）

法规文书及其制作

法规文书，是指党政高层领导机关和一般机关团体以及企事业单位为顺利实施管理，保证国家法律法规以及各项方针政策的正确贯彻执行，维护公共秩序，促进工作学习和各项公务活动的正常进行而依照法律法规和职权范围所制定的规范法人和公民社会行为的约束性公务文书。

从公务文书分类的角度说，法规文书既有属于党政正式公文的，又有属于一般事务文书的。随着整个社会法治化、开放化的深入，其使用率日见增高。

制发全国性高档次的法规文件要恪守“立项—起草—审查—决定—批准和发布”的严格程序。另外，其发布还要讲究方式，即必须带着“令”或“通知”的“帽子”，在国务院公报和全国公开发行的报纸上刊登。

这里介绍一下条例、规定、办法和规则、制度、章程的用法、写法。所依据的文件有：《行政法规制定程序条例》《规章制定程序条例》和《法规规章备案条例》。

（一）条例和规定

1. 用法与发布

二者皆属于党和“人大”规定的正式公文（法规性下行文）。作为党与“人大”规定的正式公文，《中国共产党机关公文处理条例》对二者的用法分别做了规定：

条例，“用于党的中央组织制定规范党组织的工作、活动和党员行为的规章制度”；“规定”则“用于对特定范围内的工作和事务制定具有约束力的行为规范”。而在2001年11月16日国务院发布的《行政法规制定程序条例》里则提出“规定和办法”乃是“条例”的“别称”，据此可以说三者（条例、规定和办法）的功能是相同的。近年来随着社会化、法治化的深入，三者皆多有用场。

“条例”主要用于规范党政机关的工作与活动，比如《中国共产党工业企业基层组织工作暂行条例》；再就是规范党员个人或公务人员的行为，比如《中国共产党纪律处分条例（试行）》《国家公务员暂行条例》《会计人员职权条例》。

“规定”涉及的事由比“条例”要小些，它是针对特定范围内的工作和事务而制发的，比如《××部关于招工考核择优录取的暂行规定》。下级为贯彻执行“条例和规定”的内容可拟定实施细则。

从近年的使用实际来看，条例与规定所涉及的“事由”一是重要政务公务，二是司法要事。前者如《中国共产党公文处理条例》，后者如《公安机关办理刑事案件程序规定》。

党中央领导机关制定的条例和法规之发布，要用“通知”发布；国家机关颁发的一般要戴“令或通知”的“帽子”。例如，《中华人民共和国治安管理处罚条例》戴的是“国家主席令”的帽子，《交通违章处理程序规定》戴的是“部长令”的帽子。

所戴的“帽子”与条例（或规定）本身合起来称作连体文件或复合文件。

2. 拟写规范

文面由标题、题注和正文3个环节构成。因为有题注，所以下款可略。

（1）标题：二迭式和三迭式。有时文种前加“暂行”，文种后加“试行”。

（2）题注：在标题下面中央处用圆括号写明通过时间、修订时间；批准机关、发布机关等（有时在题注后一行还标注发文字号）。

（3）正文：由总则、分则和附则三块组成。“总则”阐明制定依据、宗旨目的和范围等；“分则”是主体部分，包括具体规范和奖惩办法；“附则”指出施行日期以及有关说明等。文面上呈现章条款项的排列。

“条例”和“规定”的内容必须符合党的方针、政策和国家的宪法、法律、政策等，做到前后的历史联系和彼此的协调一致。

文字要明确“准予什么和不准什么”“应当怎样做和不应怎样做”。这些都要交代清楚，不能有丝毫的含糊笼统。

（二）办法

1. 用法

办法，也属于党政国家级的法规文件（见《行政法规制定程序条例》），不过从制用实践上看，它较条例和规定更富于可操作性，常常是针对某项重要工作如何做好而制定的。比如，我们常翻用的《国家行政机关公文处理办法》，就是为规范国家行政机关公文工作所制用的。

2. 拟写规范

文面格式和行文布局跟条例和规定基本相同。

（三）规则

1. 用法

在《人大机关公文处理条例（试行）》里，它被规定为人大机关的正式公文，各级人大及其常委会均可使用。另外，它还是国家机关和一般企事业单位常用的法规文书之一。据此我们对它做如下界定：国家机关、社会团体和企事业单位为维护公共利益（国家、集体和公民个人）、为规范某项业务或社会性活动的操作而制定的法规文书。其具有管理性、约束性和依据性。

2. 分类

从现行使用实际上可分为高档的“重要规则”（即人大机关或常委会或高层国家机关公布的“规则”）和一般机关团体和企事业单位内部制定的“一般规则”。前者如《外国侨民出入及拘留暂行规则》，后者如《考场规则》《比赛规则》《游园规则》等。

“规则”有时作为一个“部分”夹带在另一个法规性文件内。比如《国家行政机关公文处理办法》内的“行文规则”。

3. 写法

拟定规则时其内容（该做什么、不该做什么、怎样做）应具体明确，为此事先必须熟悉情况并做全面而充分的考虑。文面格式和行文层次亦跟条例和规定基本相同。“重要规则”标题下应有题注，以注明发布机关和发布日期。

（四）制度

1. 用法

规章制度类法规文书之一，机关、团体、企事业单位就某项公务业务做出具体约束与要求时用之。其具有管理性、制约性和规范性。

好的“制度”的积极作用：一是有利于工作的顺利开展，保证工作的质量与效益；二是保证与维护有关成员的合法权益。

2. 分类

从其内容对象和性能上说有三种，即管理性的（如《××局节假日值班制度》）、工作业务性的（如《安全生产委员会工作制度》）和职务责任性的（如《巡警岗位责任制》）。

3. 写法

其文面格式跟条例和规定基本一样，这里仅就其内容和表达做如下提示：

（1）内容应明确两个方面：一是对相关“某行为”的具体规定要求（如手续、程序之类）；二是在“责、权、奖、惩”等方面的相关规定。此外不宜将无关的事掺进去。

（2）表达上要注意的两点：一是主体部分可以分条布列，一条一事，对“应做和禁做”要交代明白；二是文字上语气肯定，不可模棱两可。

（五）章程

1. 用法

党政组织或社会团体用以阐明有关该组织宗旨、性质、行为准则、活动内容以及成员资格条件等的文本。它带有规定性、约束性和宣告性。

2. 分类

章程有党政类（如《中国共产党党章》）和社团类（如《北京创新学会章程》）两种。

3. 写法

标题为二迭式，即“组织或团体+文种”。“正文”一般采用章条式或条目式。所写应项目完备，先后顺序要符合逻辑。文字应力求庄重、切实和准确。

（写于1998年2月）

几种特殊文书的撰写

近年来常有中青年干部以及大专院校毕业生问起几种特殊内容与功用文书的拟写，它们是述职报告、研修报告、求职文书和业务自传，于此集中做些提示。

（一）述职报告

1. 功用

它是指各级企事业单位中的各级干部和各类业务人员，在任职期间，用书面方式向主管上级（或人事部门和职称评审组）介绍自己一个阶段的司职情况和业绩的文字材料。既新兴又带有传统色彩，比如《孟子·梁惠王·下》里记载过诸侯向天子陈述职守的事。

虽然撰文者通常是个人，但其性质还应属于上行的公务文书。它与一般的工作总结不同，它的内容紧紧围绕着一个“职”字（即个人的“本职工作”、个人的“职责”）。

新时期干部人事制度改革背景下，述职制度一方面可以强化干部和工作人员的责任意识和敬业精神，使自己不断明确努力方向；另一方面则有利于上级领导和有关组织人事部门对下属及时地考核与监督。具体了解某任职人的“德、能、勤、绩”，也好使表扬、批评、晋升、调换等人事工作有的放矢、公平合理。

2. 分类

述职报告有领导干部个人的、一般工作人员的和单位集体的，有日常本职工作的和专项工作的。

3. 写法

拟写述职报告，态度要诚恳谦虚，内容要实事求是，并力求具体化和身份化。

文面由标题（文种）、称谓（上款）、正文、下款（时间、署名）和附件等环节构成。

正文一般分三层：一是开头简单对目标落实、履行职责做出恰当的自我评价；二是重点部分，即具体讲工作情况，包括做法、经验、效果、反应等，这一部分要言之有物，应适当举例子、引数据；三是提出不足和今后努力方向。文字表达要干净利索，不可拖泥带水，还要注意言之有物，避免空洞笼统。

（二）研修报告

1. 功用

研修报告可谓新兴的边缘性应用文体（属科教文体，还有一定成分的“论文性”），其拟写目的与内容不同于以往的工作报告、调研报告和建议报告等。它是中基层党政领导干部或企事业骨干集中进修学习（政法性、业务性或综合性）之后，向两个上级（原单位领导和进修主办单位）汇报研修收获心得时所拟写的报告文本。

报告文本有多重价值：首先，凭着交上来的“报告”，让“主办单位”了解学员的学习情况（含进修效果等），借以总结经验优化以后的“办学”；其次，凭着它让原单位领导与人事部门了解某位干部学习研修情况，为以后的任命与晋级提供依据；最后，对学员本人则是一次对该次研修学习活动收获的总结与上升，同时还培养了理论素养与写作能力（有时主办方还要求学员写论文），为成为拥有研究意识和富于创新精神的接班人才打下一定的基础。

2. 撰写提示

（1）思想上重视，排除为难情绪，既不发怵也不轻视。

（2）动笔前多想想，也就是认真构思，不做表面文章。从自己原先的本职、此次所学收获以及新时代、新要求等几方面确定出自己“报告”的重点内容，争取有点自己的真东西。在“想文”阶段要多运用分析/综合、归纳/演绎、比较/联想、逆反/换元和系统化等逻辑思维方式。

（3）起草内容时要将教本、文件、领导与教授所讲、自己的理解和自己以往的工作结合起来阐述，做到有观点有材料、有理论有实践。

（4）文本结构一般也是三块：一为“引言”，简单交代研修情况以及收获感受，再说明本报告的重点所在；二为“主体”，即依前面所讲分条横向汇报几个问题；三为“结语”，归纳出主要体会、回去做什么、对研修班的积极建议等。

（5）语言既要平实简明，又要有点力度与深度。表达方式以夹叙夹议为主，适当兼辅以说明和引用。既不宜一味“发论”，又不能只见事实不见理性认知。追求目标是“报告”的“深、新、实”。

最后再说两点参考意见：一是报告的长短问题，笔者认为应服从内容，报告的优劣高下并不跟字数成正比，为此建议“办方”在学员研修报告的字数上也不宜要求过死；二是大家在时间运用上应避免“前松后紧”，为此初稿可以快点拟出来，而后多留些反复修改的时间。

（三）求职文书

近年来为适应双向选择择优录用的形势需要，大专院校毕业生、下岗待业者和自愿跳槽者所拟写的奉送给聘用单位的求职文字材料，从应用文体分类的角度，名之曰求职文书。这里介绍常用的求职函和履历书的写法。

1. 求职函

（1）标题：求职函（或求职信）。

（2）送往招聘单位名称，如果事先已跟主管人面谈过，则可以写具体的主管人姓氏与职称。

（3）正文。

①本人身份情况。姓名、性别、民族、出生年月与地域、学历、业历（学生实习打工）以及其他特殊情况。

②扼要说明业务特长、欲任工作及相关要求等。此项是重点，所写应实事求是，给人以不卑不亢、不浮不躁之感。要注意用人单位之需跟你本人之求，二者之间的关联，方有“成交”的可能。

③结语，感谢语、祝词等。

（4）下款，求职人姓名和拟写日期。

（5）附件与附注，前者指相关的复印证件，比如毕业证书、职业技术资格证书、奖状、发表铅字著述等；后者多为联系方式（手机号、电子邮箱、住址、邮政编码等）。

2. 履历书

新形势下的履历书，多是对学历与业历（含业务专长与成果）具体而详细的陈述说明。其使用背景有三个：一是在求职函的基础上，为让聘方进一步了解自身业务能力，便再拟交一份履历书（往往是应聘方之求）；二是评定高级职称时，向评审单位拟交之；三是申请加入某社会性、学术性组织时拟写。

履历书写法提示：

（1）标题（履历书或“个人业务简历说明”）。

（2）正文，内容一般要比求职函多，比如重要业务活动的成果、反响，还有课题进展与规划等都应写好。先后安排上要合乎逻辑，文字又应简明扼要。

（3）附件。

（四）业务自传

业务自传，是伴随人才市场的日见活跃而使用频繁的一个自用性文书，也叫“个人业务简历”。一般是有一定业历与专长的业者在晋职或另谋高就时拟写的。内容不必如自传那样全面（家庭历史和政治成长道路等可略），只写好个人学历、业务专长与就业要求三方面的内容即可。

业务自传文面由标题、正文和附录三个环节构成。标题以“业务自传”为准，届时可灵活一些。附录一般包括本人照片、表明业务情况的资格证件、奖品复印件以及其他文字材料等。其中正文是重点，应集中具体、实事求是，既不宜苟简又不宜啰唆或吹嘘，文字力求简明扼要、条理分明。正文一般包括四部分，写法分别提示如下：

（1）基本身份：姓名（曾用名/笔名）、性别、出生时地、工作单位和兼职、住址及联系备忘（手机、电话、邮政编码和电子邮箱）、身体健康状况；

（2）学历，普教高教学历以及业务进修与参加其他相关研讨交流等活动情况，有关时间地点、学科专业等应写清楚；

（3）业历，工作单位年限、负责的业务范围、职称等；

（4）业绩成果，即有关单位给予的业务鉴定、参赛获奖以及各种形式的发明创造、著述成果等。

除以上四部分内容以外，届时根据聘任或招聘单位要求，还可补加些内容。比如，应聘想法、请调原因、愿任工作以及有关设想等。

（写于2007年10月，依据在本校青年干部研修班、本科生教学班和北京市工委党校的讲稿修订）

广告文案及其制作

一、关于广告文案

（一）广告文案的定义

广告文案是广告作品整体的一个重要环节，它以向市场或服务对象传递信息为根本目的，是广告创意的文字符号。

（二）广告文案的分类（从不同角度，有多种分类）

一是产品广告文案、企业广告文案、服务广告文案和公共事务广告文案；

二是平面广告文案和广播电视广告文案；

三是短文案、长文案和系列文案。

（三）广告文案的四个要件

1. 广告语

广告语是一则广告文案里长期不变的观念性、口号性语句，是品牌的标志性符号和品牌的重要资产。拟写广告语，需从企业形象、品牌形象和产品特征三个角度运思。因为广告内容与形式的多样化决定了广告语的多样化。

2. 标题

标题是文案的关键点，也是文案与创意之间的纽带。其旨在传达核心信息以引起诉求对象的兴趣与青睐。鉴于此，制作人应发挥创造性，拟出理想的“这一个”。

3. 正文

正文是广告文案的主体，由诉求重点、支持点和行动号召三部分构成。好的正文能够通过多种表现形式充分地向诉求对象传递出产品特征、服务特征、广告目标和诉求重点内容等。

4. 随文

随文即相关的必要交代之类，也应认真撰写。

（四）广告文案的审美追求

诚实、新颖、简明、人性化。

二、广告创意目标与文案制作要领

（一）广告创意目标

一是创造性：新鲜、独特、出人意料、一针见血。

二是简明快捷：诉求明确单一、联系自然、表现集中。

三是人性化：与社会发展走向以及人们日常生活密切相关。

（二）文案制作要领

一是文案要为“创意”服务：力求准确阐明创意核心（或曰主旨）。

二是要在诉求重点、巧妙的联系、特定的形象、特定的格调等几个要节上充分体现创意。

三是强化诉求效果的几个主要手段：有感性、理性和情理结合三种；取法应因产品而宜（异），紧紧抓住消费者购物的心理需求；感性诉求应充分挖掘与消费有关的多种情感与情绪；理性诉求的目标是进行观念说服与打动，可以运用多种方式传达具体信息。

四是诉求对象可直接露面也可请人代言，但不宜片面追求名人效应，必须坚持诚实适当，方能起到促销和突出品牌形象的作用。

三、文案人员素质与能力的培养与思维方式

一是具备良好的专业素质，具体包括：良好的知识结构；了解市场，熟悉产品及消费者心理；熟悉广告表现的多种方式手段；对创意有职业敏感，善于捕捉与把握；拥有较好的语言修辞能力。

二是拥有创造力和创造精神。

三是富于创新能力，善于运用创造性思维方式，通晓创造性思考过程。

（写于2003年8月）

应用案例及其编写

“案例”一词，在公检法圈内一般有两个语义指定：一是指具有某种再认识价值的一个案件事实；二是指公安司法机关本着业务交流与研究之宗旨而精心编写的有关文本。本文所说的案例即指后者。为区别于公开发表的案例新闻稿件和纪实文学作品，有时我们还把这种文字材料称为“应用案例”。公安法制战线上的同仁们都知道，案例是我们大家常写常用的应用文字，所拟文本优劣非同小可。本文仅拟从其文体界定、价值、特点、分类及编写要领等方面谈几点粗浅意见。

一、案例文体概说

（一）界定

案例，是指一个或一类案件在受理办理调解之后，针对其固有的再认识价值（包括某种法律的、道德的、哲理的精神内涵等）和相应的“作意”，由司法机关部门或人员，再行叙议而成的用于公安司法机关或有关教研单位的文字材料。其常见的三种存在形式是：一是单篇式，即作为独立成篇的打印材料供内部使用；二是书册式，即把若干单篇的案例汇集成册内部出版发行；三是引附式，即作为一个例证材料写进有关公文、论文或教材专著内，一般文中曰“引”，文后曰“附”。

（二）价值、作用

作为公检法及其他司法机关编写的一种专门应用文，它有着如下的价值和作用。

一是信息价值。以反映社会治安和犯罪趋势为主要内容的案例文字，对有关上级和相关部门来说是一种动态信息提供，它与简报、调查报告等有着同等价值与作用。

二是交流价值。以总结、提炼办案经验教训为主要内容的案例文字，对兄弟单位又有着一种很实际的业务交流价值。它可以让人开拓思路，提高认识，得到启示等。

三是研究价值。针对法学中的某个课题、话题所编写的旨在进行工作研究、理论探讨的案例文字，便自然具有某种程度的科研价值了。

四是教学价值。一些案例文字，除具有业务现场交流价值和工作研究价值之外，还是公安司法中专或大专院校进行专业课教学的绝好实例。对这些案例的选讲，将很好地促进学生在理论与实践的结合上学好专业课程。

五是宣传价值。案例属内部专门应用文，其读用范围是有所限制的。但在有组织、有领导的条件下，针对某种实际情况适当扩大范围阅读（即在厂矿、学校、里弄中组织群众读议），则会起到较好的法制、治安等方面的宣传作用。比如，可以在中小学有选择地读议有关青少年犯罪教训的案例。当然，外用案例要慎重行事，以防止产生副作用。

六是历史价值。以上多从“现实”而言，即在编写应用案例的“当时”所具有的价值和作用。另外，有些案例文字还有着一种宝贵的历史价值和档案性作用。即它们可以真实而生动地记录一个历史时期的公安法制工作的面貌与轨迹，并同时具体展示出法警卫士、赤子英魂在捍卫国家安全、保护公民、打击邪恶战斗中的奉献精神与辉煌业绩。

（三）文体特征

就上述“界定”不难发现，宏观上，案例属于应用文体范畴，其是一种有着特殊内容、价值和作用的内部应用文；微观而言，它又是公安事务文书的一个别体。如果再从文体分类学的角度来看，它又有着一定的兼体性，简单的应用案例属于记叙文体，而多数附有按语的则又是一种特殊论文。据此，我们认为有这样几点：

一是编写上的限定性。作为一种特殊的内部应用文，它有着自身特定的写作主体、客体和受体。其主体（作者）即公安机关、司法机关的有关工作人员。客体（即平时所说的题材对象）即具有某种再认识价值的案件及有关情况。受体（读者与受众）即主要是公安司法机关工作人员和公安司法院校的师生。当然必要时，可在有关领导批准后扩大受体范围。

二是内容上的双重性。即每篇案例的内容必须既具有客观实在性又有主观倾向性。客观实在性是说所写的案例事实必须真实而且典型。其真实是说取案必须是实有的，而且从主干到细节不能有丝毫的杜撰与夸张；典型是说必须有某种再认识、再思考的价值，写成之后或提供信息动向，或提供经验教训，或作为专业理论上的注脚与佐证等。主观倾向性是说案例文本从内容上看绝不是单纯客观而如实的“叙案”，而是从选到写始终贯穿着主观倾向性。即在确保如实记述案件的同时，还必须旗帜鲜明地把主观认识、有关联想与反思等烙上去、亮出来。显然，这就与司法文书中的“叙案”的绝对客观有所不同了。

三是拟用上的历时性。这是它与司法文书的又一区别。大家知道，司法文书的拟与用有着严格的时限性，其作为办案的“工具”与“枢纽”，一般都跟办案过程（诸如立、侦、拘、捕、审、诉等）同步共时。而案例文字则与其相反，只能在办案之后构思与动笔。因为如前文所讲，它是在有关人员对已经办理的案件再认识之后才能进入编写过程的。另外从使用价值上看，案例也是“长寿”的，一个特别富于认识价值的案例能在几年甚至十几年后都有再“翻”的必要。

四是功能上的多用性。即无论是总体还是单篇，其价值作用都是多方面的。这一点前文已有说明。

（四）分类

案例的上述多用性决定了其多类性，这里拟从编写单位、编写目的和功用、案件素材性质等几个不同角度，试做如下分类：

一是从编写单位上可分为公安案例、检察案例、法院案例和律师调辩案例等。

二是从编写目的和功用上可分为工作案例（亦称交流性案例）、信息动态案例、研讨案例和教参案例等。其中工作案例又可分为侦查案例、预审案例、审判案例、辩护案例、调解案例等。

三是从案件素材性质上又分为反革命案例、刑事案例、民事案例、治安案例和交通事故案例等。其中刑事案例是一大宗，就其案件性质及罪名，又可分为杀人案例、盗窃案例、抢劫案例、奸情案例、投毒案例、诈骗案例等。

四是从案件素材容量上可分为单件案例和复件案例。

五是从行文关系上可分为呈报性案例、内传性案例和外宣性案例等（这里的“外”当然也有限定）。

二、案例的编写要领

曹丕在《典论·论文》中谈到文章与作品写作时曾说："夫文本同而末异。"意思是说天下文章写作，既有共同规则又因体而异。现代文体写作学的原理也明确地告诉我们，写作时应依文体之别、受者之异而采取不同的写作方法并确定出不同的"审美目标"。根据上述案例的文体功能与特点，我们认为编写要领如下。

（一）反应敏锐，善于识选典型案例素材

从前文所讲，只有具备某种再认识价值，具备某种典型意义的案件才可称其为案例，也才有行文走笔的必要。因此，笔者认为编写案例的前提条件是有关编写者头脑机敏，眼光敏锐，善于在繁忙工作中，根据社会宏观背景和公安法制战线形势动态发现典型案例，内视到它的"思想意义"和"再认识价值"，进而跟踪追击，伏案走笔。

（二）熟悉案情全貌，深入开掘主旨

抓住理想的案例素材后，切不可急于动笔，还需要做好两个准备工作：一是进一步翻阅有关案卷材料。必要时，还应走访有关当事人、知情人等。目的在于进一步熟悉案情全貌，为以后选取角度，确定主旨提供根据。此项工作对于当初未直接参与办案的拟写者来说，尤其必要。二是动用分析、综合、联想、比较，甚至逆向思维，根据案例素材固有的思想意义和再认识价值，再针对社会背景、公安法制战线形势动态和工作需要进而确定出该篇案例文字的主旨。此项准备工作要注意的是，根据文章主题与材料的辩证统一原理和案例主、客观统一的文体特征，同一案例素材，可以开掘出不同的主旨，其深浅平奇全在编写者的构思之功。

（三）合理布局，精心剪裁

布局即结构，它是一篇文章表现形式的要件，结构的优劣对文章的整体效应有着相当的影响。案例属于应用文体范畴，结构上不追求曲折变化之美，而只求严谨通达之长。这里我们从两个层面简单归纳一下案例文面布局的一般规格：

一是文面上的总体布局。一般有三种类型：第一，先按后案式，“按”即编写者对所选的案例的精当的评议文字，也即是编写主旨之所在，“案”即对所选取的案例事实的精当叙述。当然，其中一般亦渗透着少量议论。第二，先案后按式，情形正好与先接后案式相反。第三，一案贯穿式，即前后并不赘“按”，只叙说案情及有关情况。至于编写者的看法及该篇编写主旨则应借助春秋笔法巧妙地融合在记叙与说明的文字之中。

二是叙说案例的层次安排。不论哪种总体布局的案例文本，其叙说案例都应该被看作该篇案例材料的主体部分，其层次安排常有纵横两种方式：“纵”者，即以办案先后过程逐一陈述开来（单案素材的用此式为宜）；“横”者，即以编写者的几则评论或案件性质（指复案素材的）为“层界”逐层布列开来。

精心剪裁，是指一篇案例“主体”部分内容的详略侧重问题。由于写作意图不同，主旨取向不同，编写时要对原案例素材的固有环节予以仔细筛选，从而确定出主次详略。只有这样才能节省笔墨、重点突出和倾向鲜明。比如，一篇案例的主旨在于说明深入调查、扩大线索的重要性，那么就要把原过程中的“通过走访群众甲和乙，才走出迷宫最后找到关键”的情节作为重点详叙一番；如果一篇案例意在说明“技侦”的作用，那么原案例素材中的其他固有环节自然理应略写，而必须把关键时刻靠技侦手段取得“突破性进展”的环节如此这般详写一番。

（四）语言表达上的叙议结合

鉴于其“特殊论文”的文体属性和借案宣法、借案明理的文体功能，其在语言表达上的定式是夹叙夹议、叙议结合（当然，“结合”并非二一添作五，一般比重上还是叙多于议）。具体说来，与上述三种文面总体布局类型相谐调，其结合方式表现为三种情形，即先议后叙、先叙后议、边叙边议。

（五）悬念性与警策性的标题

标题乃文章之眉目，即使实用文章的标题也应拟得明快、恰当并引人入胜。案例，虽然一般属工作和学习必读之文，但标题也希望能拟得生动恰当，并富于悬念性和警策性。笔者认为时下所拟大致有如下几种方式：

一是疑问式。如“死刑犯王××的财产应如何处理?”“他的行为是否构成犯罪”。

二是判断式。如“不是杀人是伤害”，“王××确系他杀应当立案”。

三是动宾式。如“综合运用技术手段破获张××被杀案”。

四是偏正式。如“侦破‘6·3’抢劫案的经验教训”。

五是双题式。如“锲而不舍，锐意攻坚——街洞银行巨款被盗案的侦破”。

六是文学式。如“大海捞针破奇案”“今日十五贯”。

最后再提醒两点：一是案例与案例新闻稿件、案例纪实作品不同，其篇幅不宜过长，一两千字为佳，三千字足矣；二是注意“内部编用”的特点，切忌未经有关领导批准，擅自外传外用。

（原载《公安文体写作导论》中国人民公安大学出版社 1996 年版）

司法文书的表达方式

实践证明，欲写好司法文书，在恪守“依法而作”的原则下，优化其“正文”的语言表达乃是一个十分重要的方面。本文拟从司法文书正文里表达方式的使用规律上做一点初步的探讨，以供实践者和研究者们参考。

仔细审读一些文字上比较见功力的司法文书的正文，我们便不难发现，其在使用表达方式上的一个基本规律是：记叙、说明和议论的有机结合（当然在讯问、审判庭笔录中还有“对话”的特殊使用）。其中，“叙”则具体、清楚，“说”则客观如实，“议”则令人信服。由此我们认为：清叙、实说和信议的完善融合，乃是各类司法文书表达方式使用的美学品格。为赢得这一美学品格，让我们再来具体研究一下这三种表达方式在司法文书里的使用情况。

一、关于记叙

（一）使用范围

记叙是用具体而简洁的语言对人的行为过程和事件发生、发展经过及结果进行陈述交代的语言体裁。鉴于它的告知性，它既是信息传递的基本手段又是写作行为中最基本的表达方式。撰写各类司法文书，就要以“事实为根据”，那么记叙的表达方式，当然是不可不用的。具体说来，主要用于两大方面：一是陈述案情时需用记叙。其中的“案”自然包括刑事、民事、治安、交通等案件。二是在破案报告、补充侦查报告等文种里，交代办案人员有关调查、询问、侦查、实验、勘查等活动时需用记叙。

（二）使用要则

1. 人称与视点上的特点

传统的文章学里，有记叙人称之说。其指的是叙者与被叙者的关系问题。其历来有第一人称和第三人称两种。司法文书中的记叙，在陈述案情时自然用第三人称，而在告知办案活动时又必须使用第一人称。因此总起来可以说是“一”和“三”的交叉。

视点即用笔视点之意。它是现代写作学的一个新提法。它指的是由记叙人称、时空环境和被叙者身份三者综合而定的记叙角度。它与人称有关，但又不完全是一码事。当代叙述体文学作品和新闻稿件在用笔视点上极其讲究，由此给作品增加了不少力度和美感。而司法文书记叙的用笔视点则与之正好相反，它要求“单一和直接”，即绝对尊重客观实际情况，在原本时空环境里用第三人称直陈案情及其他当事人的行为举动。

2. 更讲究记叙的要素和层次

记叙历来讲究要素的交代。就一个事件来说，一般有六个要素：时间、地点、人物、事件、原因和结果。在案例里又素有“七要素”之说，即时间、地点、人（包括行为事实）、原因（细分为动机和目的）、情节、手段和结果。不过，这“七要素”乃是总括而言，在具体撰写文书时还应视文种和其案件性质而有所减略。比如，在办案初期所写的“受理刑事案件登记表”和

“立案报告”等文种里，由于侦审尚未展开以致时间、地点、案犯等要素就很难做出确切的交代。再如过失犯罪和强奸案等又很难把犯罪动机、目的之类作为要素而做出具体交代。还有在记叙犯罪中止时，作为犯罪的结果自然是无从写出了。另外，出于某种考虑（防止泄密、保护被害等），在记叙案情时，对作案的某些具体情节和手段、破案技术、被害人隐私等也应适当略而不记或使用模糊修辞只做概括交代。这也正是传统的隐笔、藏笔在当今司法文书里的运用。

记叙的层次方式历来有时间纵式、空间横式、事件性质归类式和人物线索式等几种。对于司法文书“正文”的层次自然以平铺直叙为宜，而无须“起伏跌宕”之类。具体言之，依案情情况不同，常见的有三种层次类型：一是就记叙一个案件始末来说则用“时间纵式”；二是就记叙一人犯数罪或集团犯罪的案件来说则用“性质归类式”，即先主罪后次罪，先主犯后从犯；三是对于某些治安案件、交通事故等则用“纵横交叉式”。这第三种具体说来即总体上是时间纵式，依事端的先后情形逐步陈述下来；而其中对有关双方（或几方）言行的交代则又是先甲后乙的横式布列。请看一份治安行政案件调解书中对有关“案件”情节经过的记叙文字：

×年×月×日4时许，原告王××之子王×（男，7岁）随其母亲赵××去中华电影院看电影。走到被告李××家门口时，王×不慎撞倒了李××放在门口的新自行车。赵××赶忙把车扶起放好并当即表示歉意。但李××却从屋里走出来朝王×脸上猛打一个巴掌，致使王×倒地，摔破了左前额并流血不止。赵××见状拖住李××要他带她儿子去医院。李××勉强把王×送到附

> 近的永定医院后就转身离去。后经医生检查，王×左前额伤口为1.5厘米×2厘米，未发现骨裂。

这段文字，总体上是“纵”叙，但中间对于王×、李××和赵××三个当事人言行的陈述则属“横”叙了。

3. 适当剪裁、突出重点

即在全面而清楚地交代案件要素的前提下，为节省笔墨，醒人耳目，还需针对具体案情，做适当的“剪裁”，争取所记能分清主次、突出要点。对于涉及定罪量刑的关键和症结要详叙，而其余次要的则可以略而不叙或一笔带过（请参看后文“5”中之例文）。

4. 文字要具体而清楚

各类司法文书中对案件事实的记叙乃是一种客观的纪实性记叙，它与叙述体文学作品中的记叙（诸如小说、叙事散文等）有着本质上的区别。它绝对排斥虚构、想象之类，而要求完全准确无误地陈述案情事实，相应地记叙文字也必须具体而清楚。为做到这一点，笔者认为应该从这样三个方面着手：一是制作者下笔前应通过反复细致的勘查、实验、讯问、询问等多种渠道摸透案情，把握全貌及有关要节；二是下笔时注意因案因文（即文种）而异地交代好有关要素；三是撰写时一丝不苟地遣字用句，选择最为恰当、明快而又简洁的词句，其中尤其要注意有关动词、数量词、副词和术语、阈语的选用。请看一份“治安管理处罚审批表”中关于“简要案情及主要证据”部分的一段记叙文字：

> ×年×月×日下午3时许，顾客王××（男，25岁，××厂工人）和姜××（男，31岁，××中学教师）在

××地下商场彭××摊上买西装短裤，因价钱没有谈妥，王××、姜××便没有买。彭××却无理辱骂王××、姜××两人。争执中彭××朝王××的头部、面部连打数拳，邻摊的吴××还帮彭××行凶，冲上来踢王××的腹部，后又用木痰盂盖打王××的背部和头部，致使王××左耳根部挫伤4厘米，见软骨，缝合7针。

5. 选用恰当的记叙方法

归纳而言，记叙的方法有顺叙、倒叙、插叙（又分为追叙、补叙）、概叙、详叙、平叙、引叙、环叙和预叙等。常用于司法文书的主要有顺叙、概叙、详叙、补叙和引叙。下面对后四种举例说明一下：

（1）概叙，即在把握事实全貌的基础上抓住要节作简要梗概记叙的方法。古人有“繁者略言之”的说法。使用概叙要做到“简而不失”，虽是梗概交代但有关要素必须陈述清楚。请看如下一份“受理刑事案件登记表”中“简要案情”的概叙文字：

×年×月×日上午8时半，××市电厂保卫科李××电话报称：该日上午8时，该厂第二变电所职工肖××发现放在第二变电所更衣室的工具箱被撬开，电工工具器材撒了一地。放在工具箱内准备买彩电的3100元现金也被盗去。工具箱的锁头被砸坏，肖××发现后随即报告了保卫科。现场已保护好，请速派员前来勘查。

在这段概叙文字里，有关案件的时间、地点、情节与结果等要素都陈述清楚了。而作为发案、报案的情况也有所交代。所以是一段写得不错的概叙。

（2）详叙，即相对于概叙，对重点行为或主要事实做比较详尽而细致的记叙方法。在运用详叙时，一是要注意对详叙“对象”的恰当确定。在司法文书里，使用详叙的一般是与定罪量刑有着十分密切关系的主犯主罪的重点部分。常见于破案报告、起诉意见书、提请批准逮捕书等文本里。二是使用详叙时，往往还借助少量的白描的表达方式。请看一份某人民法院刑事判决书中一段关于罪犯犯罪事实的详叙文字：

> 一九八二年二月初，陈×武与陈×富、陈×国共谋策划以拐卖妇女为幌子，骗取人贩子的钱财。由陈×富邀约石坝公社四坪大队一中队已婚妇女朱×芳（二十九岁）、魏×琼（二十一岁），未婚女青年潘×美（二十二岁）参加，于二月三日晚进一步共同策划：由陈×国出面带三个妇女打样，找公社人贩子田×华、田×斌接洽买卖妇女；由陈×武、陈×富持刀紧随其后，即以抓人贩子为名，吓走对方，抢回“打样”的妇女。二月四日晚九时许，陈×国带潘×美、魏×琼二人到达约定地点，陈×富持尖刀一把与陈×武隐藏于路边竹林内，当买妇女的田×华、田×斌到来后，陈×国将潘、魏二人交与对方，得款一百七十元，即按照事先约定的暗号用手电筒对空照三下，离去。陈×富提刀冲上公路，抓住田×华胸襟，举刀威胁说：“你们把女娃儿带到哪去？走走走！说清楚。”当田×华回答是看电影的，陈×富又说：“信不信，今天戳你几刀。”陈×武见潘×姜、魏×琼跑脱，田×斌也逃掉，假意说：“把他放了。”陈×富又踢田×华两脚，将田×华放了离开现场。最后以暴力手段达到非法占有他人现款一百七十元的抢劫目

的。其赃款陈×武得两股，其余五人各得一股。同月七日，陈犯三人又带潘、魏、朱三妇女到重庆市中区，由陈×武出面与河南省的宋×元接洽。宋×元看中潘×美，愿付三百元，但提出要与女方父母见面才付款。陈×武等人将宋×元骗至江北县龙山公社（原九龙公社）一偏僻处，尾随其后的陈×富、陈×国按事先的策划，持刀上前将宋×元拉住。陈×国抓住宋×元的手臂，陈×富持刀威逼，并进行搜身，抢走宋×元的现款一百九十一元，东风牌手表一只，挂包一个（内有糖果、香烟、日用工具等物），当晚按七股账分赃，陈×武和朱×芳各得两股，其余参与人各得一股，陈×富多得手表一只。罪行被揭后，陈×武、陈×国畏罪潜逃，于一九八二年二月二十七日在江津县洞塘公社被抓获归案。

（3）补叙，原指在某一特定行为始末的顺叙中对其中一个情节、情况做有关补充交代的记叙方法，故历来被认为是插叙之一种。在司法文书里，补叙常有所用。不过有一个特点，即所"补"文字一般不在某一顺叙文字的中间而是在它的后边。请看一份结案报告中的顺叙文字及其后的补叙文字：

经预审调查证实：

×年×月×日晚8时，××农场二中队强劳人员邵××去王庄知青宿舍行窃，被苗圃知青抓获扭送当地派出所。李、刘等犯得知后，心怀不满，遂于×日晚9时，纠集强劳人员20余人，手持斧头、菜刀、棍棒等凶器到王庄知青宿舍寻衅报复。其中冯犯一边叫嚷"把知青宿舍给砸了"，一边欲砸宿舍大门。因发现没人便由李犯招呼着又去了苗圃果园，企图抢摘水果。这时苗圃副队长李××，知青黄××、王××等三人闻讯追赶制止。当李队副等三人走近时，李、刘一伙一哄而上。刘犯抢走知青黄××的钟山牌手表一块。另外，李队副，知青解××、任××三人的上身和胳膊上都有棍棒伤。知青王××头部有伤，缝了十针。

知青黄××头部刀伤，是谁所为尚不能认定。审讯时，案犯任××曾说他拿棍子打了王××，经与受害人王××核实，任××用棍子只是打在他的胳膊上。后经反复追讯，任××也推翻了原供，说他没拿刀子砍王××，只用棍子打在王××的胳膊上。故这一要节还待进一步查实。

以上两段记叙文字，第二段即为补叙。它正是在原顺叙之后。

（4）引叙，也叫转叙。原指出于某种必要，在以作者“己叙”同时，把有关人士的陈述性话语用引号缀出的记叙方法。它旨在补充交代有关事实，用得恰当很有好处。但须注意的是，其不同于文学作品中的“人物对话”（后者主要旨在刻画人物性格）。请看一份调查笔录中的引叙文字：

张××揭发道：“今年×月，陈××在他家的后院把他邻居家的小学五年级女生夏××污辱了。后来陈××还得意地说起此事。后来，有一次我问我们同伙的王××说，‘你知道这事吗?’王××说，‘我早知道了！’”

不过，还须说明的一点是，诸如讯问笔录、询问笔录中的文字，还应看作一种特殊形式的“对话”，而不宜算作“引叙”。

二、关于说明

（一）使用范围

说明是用准确、简明而又通俗的文字对有关事物、事理和人物的“形”和“质”的特征、功用价值以及形成、变化规律等做客观介绍和解释的语言体裁。从社会交际和信息交流的意义上说，“说明”是一种很实用的表达方式。叶圣陶先生曾说：“人类生活非常复杂，人与人之间不能够单把所接触的东西，所知道的事情互相告诉了就完事，还得把所发现、所理解的道理互相传授、互相印证。使彼此的知识更加丰富起来……”（《文章例话》）。再从文体写作角度来看，不论何种体式的文章或作品，都毫无例外地需用“说明”的表达方式。撰写司法文书，自然也离不开“说明”。具体说来，有如下几个用场：

一是对案情中某些前后矛盾或彼此说法不一之处的说明。请看一份结案报告中的关于“被杀者死在床下还是床上”的说明文字：

> 需要说明的是：原逮捕理由中说董××是趴在床上死去，而高××的交代却说董××是死在床下。对这一矛盾说法，法医调查分析后指出：董××原在床下虽受了重伤，但尚未立即死去。而在凶手高××逃离现场后又挣扎爬上床的。后来因脑子出血过多而死去。

二是现场勘查笔录等文种内对于作案现场的空间说明。请看如下一段文字：

现场位于南郊区津沽公路四号桥一段的南侧，二赵河东侧距公路约450米的后辛庄二队打谷场。该场东西长110米，南北宽20米，场上东边放有打谷机一台，碌碡一个，在场北侧干沟渠内，距双华渠17米发现有0.5米×0.5米被压倒的杂草及泥土磨蹭痕迹，在此痕迹南面6米处的场上发现灰色有机玻璃扣一个，打谷机距双华渠20米，由打谷机往西5.3米、16.5米、80.5米处发现有不完整、部分明显的三种鞋印共五枚，同时在打谷机至河边土道之间发现隐约的自行车胎印八趟十六条压痕，但车胎花纹不清。

三是案犯经历与相貌说明（人物说明的一个特殊用场）。请看一份通缉令中的文字：

杀人犯季×弟，男，40岁，岳池县人，系重庆市工业学校教师。身高1.65米，蓄平头，瓜子脸、颧骨突出，两眼眶深陷，单眼皮，体形较瘦，操川北口音。上穿蓝色中山装，内穿鱼肚白衬衣，下着青色长裤。

四是侦查实验笔录、技术鉴定书等文种内对于有关物证及案件要节情况的认定或鉴定。请看一份“工具痕迹鉴定书”中的两段文字：

送检的克丝钳的钳柄带有红色塑料套，套上印有“光荣”“GUANGRONG”和“YINGONG”字样。钳子全长20.7cm，柄长13.2cm，头长7.5cm，钳轴直径7mm。小钳夹槽和大钳夹槽边缘有缺损。经测量小钳夹槽齿和两处留痕间隔距离一样。用钳子小钳夹槽在合金块上印压试验，制作压痕样本，置于显微镜下观察发现有和现场留痕相同的凸凹结构特征和凸凹线条特征。

现场提取的锁鼻前端两处压痕和送检钳子制作的样本两个压痕进行比较，其一痕底凸凹结构相同，找出4个相同点，其二痕壁凸凹线条进行接合鉴别，发现两者为自然结合，故为认定的依据。

五是一些文书“正文”后的附注性说明。请看一份某检察院起诉书正文后的几条说明：

①被告人王××，现押于××市看守所。

②应传唤到庭的证人有：

△法医鉴定人：张××；

△现场勘查人：仉××；

△证人：印××、任××、李××、黄×。

③犯罪工具：羊角锤和木工凿各一把。

④预审卷二宗。

（二）使用要则

1. 坚持客观如实的原则

大家知道，凡说明皆为客观说明，即对所说事物本身既不允许也不必要添饰丝毫的主观色彩，更不能动用想象、夸张之类。司法文书中的说明尤其应该坚持这一铁则。不论是对有关犯罪现场存在状况的说明，还是对案犯履历的介绍和对案犯相貌的文字说明，都应一是一，二是二，不要有意“篡改”，要避免因大意而错说、误写。请看一份“（协查）通报”中有关被盗物品的说明文字：

梅花手表一块、现金40元、国库券150元、粉红底白花缎被面两块（长6尺、宽4尺）、苹果绿花被罩两块、咖啡色纯涤纶布料2.6米、半高腰40号皮棉鞋一双、×市建设银行有奖储蓄券一张。以上物品，价值人民币共500元。

2. 要把特征说明出来

事物既有共性又有个性，而本质又往往潜存于现象之后。对此，我们在说明事物时为做到“客观如实”，就必须事先仔细观察，认真辨异，或悉心询问，抓住细节，从而把握事物的主要特征或本质，并准确无误地介绍交代出来。请再看一下本篇“（一）中‘工具痕迹鉴定书’”中的例文。

3. 安排好说明层次

说明的层次布局，客观上大致有三种方式，即时间先后式、空间关系式和逻辑先后式。对于司法文书来说，前“两式”最为常用，现分别举例如下：

（1）时间先后式：

1977年9月—1979年8月：在××市小学读书；

1979年9月—1982年8月：在××市×中学读书；

1982年9月—1985年9月：无业在家；

1985年10月至今：在××厂木工车间当工人。

使用这种层次式，要注意保证时间上的连续性（或曰不间断性），即无论介绍案情还是说明案犯经历，都不能出现时间上的空白或遗漏。

（2）空间关系式：

它在现场勘查笔录中有着普遍的使用，请参见本篇“（一）中现场勘查笔录”的例文。这里再做两点使用提示：

①一个犯罪现场客观上有“外围场”和“中心场”之别。对其予以说明时，其在空间关系的确定上一般有两种情形：一是先外围后中心；二是先中心后外围。究竟运用哪一种，则应视案而异。关于“中心场”的说明，又应在仔细勘查的基础上“先主后次”地记录下来。所谓“主”是指现场呈现出来的与案情“可能”关系较大的具体实物状况（之所以说“可能”，是因为此时尚未开展侦查，只凭经验与直觉而已）；所谓“次”是指相对次要的状况。

②观察点的确定及其变移。观察点，指勘查者在现场所确定的观察“立足点”。鉴于犯罪行为的动态性所决定的“犯罪现场”的多位性、变化性，要求勘录人员应使用多个观察点，也即观察点将随着现场的不断延伸与转换而相应变移。而在其变移时笔者自当运用相应的方位词语，做出及时而明确的交代。请看如下一段现场勘查笔录中的文字：

> 由门而入是一条长7.8米、宽3.8米的走道……走道南墙有内开单扇木门……门内是301号房间，即为中心现场……

在这段现场勘查笔录文字中，可以看出：第一，空间关系上是“先外围后中心”；第二，观察点有四个（或曰四次变移）：门→走道→南墙→301房间。

4. 选用恰当的说明方法

说明的具体方法，总括而言有十多种，即举例说明、特征说明、比较说明、定义说明、诠释说明、分析说明、总分说明、对话说明、数字说明、图表说明等。常用于司法文书的有特征说明、比较说明、数字说明、图表说明等几种。这里仅就司法文书里的案犯相貌的特征说明做点提示：一是下笔时务必要在特征上下功夫；二是注意说明文字的先后逻辑顺序。一般是先定项（身高、脸型、五官等）、后变项（衣着、伤疤等），其一般顺序是：身高、体形、脸型、发型、五官、其他体态行为特征（斑痣、疤痕、畸形、戴镜镶牙、说话走路特点、口音、专长技艺等）和穿戴衣着。

在说明以上这些“项目”特征时，用语要力求具体准确，必要时可使用白描、模拟等字眼儿，但切忌滥形容。

三、关于议论

（一）使用范围

议论是针对某个事物或问题，直接表明看法、提出主张、反驳相反意见的语言体裁。其主要用于各种体式的论文里（诸如政论、学论、评论、杂文等），而其他体裁的文章里（诸如行政公文、说理散文等）也时有议论的表达方式。至于司法文书，因其总体性能上的工具性和证明作用，即决定了它“据事（指案件事实及证据）依法”予以证明和认定的写作机制。在这个机制中，除记叙、说明之外，总体上是贯穿着或渗透着议论的表达方式的，笔者认为具体体现在以下几点：

一是有关实施法律措施及其他处理办法的理由阐述。例如，一则××人民法院“民事判决书”中的一段文字：

> 本院认为：原告伤势虽然属实，但并不重，无须就此歇工两月之久。况且原告违反规定，自己动手调换工

作之举，本是错误的。因此其对“互殴”应负主要责任，自己也就应该承担部分经济损失。而被告身为干部，坚持原则没错，但应注意以理服人。他没能如此，与原告斗殴也属错误。据此，他对原告实有的经济损失，应负一定的赔偿责任。现判决如下……

二是对案件性质、案犯罪名的分析认定。请看一份免予起诉意见书的有关文字：

上述事实证明，被告人顾××的行为触犯了我国《刑法》第172条，已构成销赃罪，本应追究刑事责任，但因被告人顾××的行为符合我国《刑法》第32条的规定，为此，根据我国《刑事诉讼法》第93条第2款之规定，特将本案移送审查，依法免予起诉。

三是对一个证据客观实在性的认定。请看一份补充侦查报告书中关于杀人物证“一把弹簧刀”的来路的论证文字：

为慎重起见，我们又让李×、常×从七种同类型同牌号的弹簧刀进行混杂辨认。结果李×和常×分别把程×借给王××的那把缠有红绸子把儿的弹簧刀辨认出来；据此，我们再次对程×进行询问、开导。最后，程×终于承认原证言有谎——那把弹簧刀不是王××私自拿走的，是当着李×和常×的面儿借给王××的。

由此看来，被告人王××故意杀人所用凶器——弹簧刀，是王××向程×所借，人证、物证俱在，确凿无疑。

（二）使用的特点及要则

鉴于“据事依法予以证明和认定”的撰写机制，司法文书中的议论是颇有特点的。这些特点包括以下几点：

一是很少集中发论，而是与记叙和说明两种表达方式蝉联、融合在一起。针对这个实际我们完全可以这样断言：叙说案情及证据即为摆论据，而正文最后的结论文字即为论点。请再看一下前文中免予起诉意见书的行文。

二是论点一般不带有争鸣性和创见性而只有法律合理性和排他性。因为在选用带有客观实在性的固有的案情事实、证据事实和法律条文做论据的条件下，其结论性论点自然也带有法律合理性和排他性了。那么作为撰写者个人的水平及能动作用，就该体现在对这些来自客观的案情事实证据和统一法条的准确认定与使用，并从而得出正确结论的运筹功夫上。

三是论据来源和使用上的客观限定性。即任何一种司法文书其论据都是有关的案情事实、证据事实和法律条文这三种。其他与案件无内在联系的“事实”都不能作为撰写司法文书的论据。

四是从论证方法来说，一般不需要富于笔者个人主观色彩的阐释与辩论（当然在特殊情况下的特殊文种里有时也需要一定程度的辩论。比如，“要求复议意见书”和“提请复核意见书”等）而只需客观而周严的双重证明和逻辑说理，“双重”一指案情事实及证据；二指法律依据（包括实体法和程序法及其他有关法规文件）。对于这一点，我们可以再重温一下司法文书正文的那个公式：A（案情）+A^1（证据）+B（法律依据）→（结论）。

领会和把握以上几个特点，也就不难找到司法文书中议论的要则了。

第一，两种论据兼用。在司法文书中议论表达的论据，总结起来不外乎两种：一是案情事实（其中当然包括证据事实），二是法律依据（从基础写作理论来说属于理性论据）。前者要保证真实、确凿，后者要使用准确无误。

第二，加强具体而富于针对性的分析论证。在充分占有两种论据的基础上，还要善于针对某些症结和关键之处给予具体而富于逻辑性的分析论证，以达到无懈可击、令人信服的效果。请看一份刑事判决书的一段文字：

> 本院认为：被告朱××、孙××、李×和张××以暴力手段轮奸少女，已构成强奸罪。被告人朱××在共同犯罪中，起着主要作用，他是本案的主犯。而被告孙××、李×和张××在共同犯罪中处于次要地位，是本案的从犯。被告人朱××和李×犯罪时未满十八周岁；被告人孙××和张××犯罪时未满十六周岁。四被告均具有法定从轻或减轻处罚情节。被告人李×还曾于一九八三年九月向所在单位领导主动坦白所犯罪行、有悔罪表现。四被告归案后均能如实供述所犯罪行。根据我国《刑法》第139条第1款和第4款、第59条第1款、第23条、第24条、第14条第1～第3款之规定，判决如下……

综上所述，为提高司法文书的撰写水平，为优化其中的语言表达，制作者应自觉把握记叙、说明和议论三种表达方式综合运用、相辅相成的规律，并于长期的撰写实践中逐步赢得清叙、实说和信议的有机统一和完美融合的理想境界。

（原载《公安文体写作导论》中国人民公安大学出版社1996年版）

辩护词及其制作

熟悉刑事诉讼程序的同志们都知道，接受法院指定或刑事案件被告人委托的辩护人（律师或被认定的其他人）为较好地履行职责，完成辩护任务，制作和发表辩护词是至关重要的。在“以事实为根据，以法律为准绳”的前提下。一个成功的辩护演说是严肃法治、正确判案、打击犯罪、保护无辜的重要保障之一。为使大家对辩护词有一个比较科学的认识，进而更好地撰写和使用它，本文试从法学与写作学的结合角度上谈四个问题。

一、辩护词的性质与分类

（一）辩护词的性质

辩护词是刑事案件被告的辩护人在人民法院刑事审判庭上为被告所作出的独立的公开的辩护发言（或曰演讲）。其主旨是根据事实和法律，提出被告人无罪、罪轻或者减轻、免除其刑事责任，从而维护被告人的合法权益。据此，它有着突出的法律意义：

第一，利用辩护词是具有合法身份的律师或其他辩护人的一种法律行为，而并非个人行为。

第二，因为其内容是依据事实和法律而对公诉人、自诉人指控的反驳与辩解，所以辩护词也是被告辩护权的部分体现。

第三，其制作和使用过程中，始终以事实和法律作为撰写的依据和灵魂，其效果与价值也只有通过法院的判决来体现。也就是说，只有通过法律的形式才能给予事实上的肯定与否定（而不像文学作品和新闻稿件那样，要由社会读者来评判）。当然，在当前的实际工作中，由于某种原因，一个正确的辩护有时还不一定被法院采纳，再者，即使被采纳了，在现行的判决书里也体现不出来。笔者认为，这两个问题，将随着我国法治建设、律师制度的不断完善、办案水平的不断提高以及司法文书制作的进一步科学化而逐渐得以解决。

第四，辩护词还是进行法制宣传的一种生动形式（特别是有罪辩护一类）。因而它也是实现综合治理的重要渠道之一。有些司法机关于此取得了很好的经验。

第五，存入“案卷”的辩护词是总结、研究办案工作经验的重要参考依据。

再从写作学的角度来看。首先，辩护词具有明显的边缘性。它是一种边缘性很强的实用文体。具体而言，它具有“一文三体”的特点。它既是司法文书（也可以说“诉讼文书”）的一个别类（严格地讲，它不是法定的司法文书，却是司法活动的一个重要行文），又是一种具有特殊性能、特殊用场的演说词。同时还是一种以驳论为主的特殊论文。其次，作为一种专用的法律行文，它有着明显的限定性。这种限定性集中表现在作者、制作及其使用三个环节上。还需指出的是，这种限定性并不绝对排斥制作者主观能动性的发挥，但在很大程度上给这种能动性的发挥带来了更严格的、更高的要求。因此我们可以毫不夸张地说，拟成一篇成功的辩护词所需的智能和功力绝不亚于创作一篇微型小说。

以上从法学和写作学两个方面对辩护词的总体性质和文体特征作了简单介绍与分析。其实践意义在于：它使我们充分认识到，作为律师和其他辩护人只有既精通法律（《刑法》《刑事诉讼法》《人民法院组织法》及其他有关法律法规）、熟悉案情，又具有较高的逻辑能力和表达能力，才能熟练地制作它和成功地使用它。

（二）辩护词的分类

从不同的角度，辩护词可做如下分类：

1. 按整体性质可分为两种

（1）无罪辩护。它又分两个细类：

①事实上构不成犯罪，故而也就是触犯不到刑法的案件，例如《郑××非法行医案辩护词》（详见群众出版社出版的《法律文书选评》第493页）。

②由于事实不清、证据不足，因而被指控的犯罪还不能认定。例如，《吴××诈骗案辩护》。

（2）有罪辩护。它是指事实清楚、证据确凿，确实构成犯罪的案件辩护。通常又有两个细类：

①罪行较轻的案件辩护。其辩护内容一般有两个部分：一是从犯罪情节、背景、原因及事后态度等方面挖掘从减从轻的因素，从而最大限度地维护被告人的合法权益；二是利用法庭现场结合案情，宣传法制。

②罪行严重，甚至是罪大恶极的案件辩护。此类一般是实事求是地提供一些供法庭考虑的情况，以求适当地从轻、减轻犯罪情节，使法院的判决既合乎法律又利于被告。例如，《关于“栾

×飞杀人案”辩护词》（详见吉林人民出版社出版的《律师手册》第677页）。

大家知道，在实际辩护工作中，有罪辩护使用率比较高。因为在当今，经过公安机关的立案侦查、预审和检察院的复查、起诉以及法院的审理，一般来说，已决定开庭审理的案例大都是“真案”。所以写好这类辩护词，有着十分重要的实际意义。

2. 按内容可分为三种

（1）诉讼程序辩，即当辩护人在阅卷和会见被告等准备工作中或在法庭现场发现被告人的合法权益受到损害，或诉讼程序不合规定的时候就使用此类辩护。例如，《关于侯××盗窃案的辩护》（详见北京市律师协会编《辩护案例》第一集第91页）。

（2）认定事实辩，这种比较常见。即抓住证据从事实上给予辩护。例如，《不是“强奸”是“无罪”的辩护》（详见北京市律师协会编《辩护案例》第二集第1页）。

（3）定性与量刑辩，一般是有罪辩护的具体化，即从犯罪性质、罪名和量刑轻重上给予的辩护。例如，《关于李××窝藏罪的辩护》（详见北京市律师协会编《辩护案例》第二集第20页）。

再需强调的是：在实际中这一类常常和认定事实辩相交叉。另外，还有一种叫作“情理辩护”的也常常与其搅和在一起。例如，《从轻判处，顺乎民意》一例（详见辽宁省律师协会编《辩护词汇编》第26页）。

3. 按辩论次序可分为两种

（1）一轮辩护。即针对起诉书与公诉词所作的第一次定调辩护。它是以后多次答辩的基础。

（2）二轮辩护。针对公诉人对一轮辩护的答辩的反驳与辩解。它一般是一轮辩护观点的强化、内容的补充和证据的强调。

4. 按诉讼程序和审判级次可分为两种

(1) 一审辩护词。即在地方各级法院开庭时所作的辩护。例如,《"渤2"责任事故案一审辩护词》(详见《法律文书选评》)。

(2) 二审辩护词。即上一级人民法院开庭审理上诉或抗诉的案件时,辩护人所作的辩护。例如,《"渤2"责任事故二审辩护词》(详见《法律文书选评》)。

5. 按论辩方法可分为两种

(1) 驳论型。即通篇以驳斥对方的观点和否定对方的"事实"为主。多用于无罪辩护。

(2) 驳立结合型。既驳斥对方,又正面摆事实做分析。多用于定性量刑辩护。

从实践的观点来看,以上五种分类里,前两种辩护内容上的分类应特别注意。

二、辩护词的制作过程

实践证明,拟好辩护词,搞好法庭辩论,前提在于辩护人的工作态度、法学水平、论辩能力以及对案情全面而准确的把握。但通晓其制作规律、熟悉其制作过程也是十分必要的。这里将结合辩护工作,简单介绍一下辩护词的纵向制作过程及有关注意事项。

(一) 准备

写文章都有一个准备与构思的过程。这对于辩护词的制作来说尤为重要。因为只有通过一系列具体准备工作才能尽快掌握案情、弄情事实、分析矛盾、辨析证据,进而迅速而准确地确立辩护观点。具体来说,要做好五项工作。

1. 听取法院审判人员的案情介绍

辩护人在接受任务以后的第一项工作就是听取审判人员的案情介绍。这有利于自己尽快掌握案情并获得基础材料。在听取介绍时精神要集中，边听边记边想，争取既了解基本情况又能从中初步发现一些“焦点”，以给下一步阅卷与会见被告打下基础。这里附带提一下审判人员在介绍案情时要抱有合作态度，除如实介绍情况外，还应尽可能提供有关线索。

2. 阅卷

查阅起诉书与其他案卷材料。在查阅起诉书时可考虑以下几个问题：

(1) 什么事实？有无证据？直接的还是间接的？可靠否？

(2) 事实与证据哪些有利于被告，哪些不利于被告？

(3) 起诉书对被告犯罪事实的认定准确否？

(4) 被告的供词前后是否矛盾？他提出的“反证”是否给予了调查与交代？

(5) 在侦查、预审阶段是否存在侵犯被告人诉讼权利之处？

再者，一本案卷，少则几十页，多则上百页，甚至错综复杂，令人眼花缭乱。而时间偏又有限（一般仅为三天）。所以，阅卷时要讲究多、快、好、省，眼、脑、手同时并用。发现问题先做标记，待看完全卷，再做整体归纳。于此，较高的阅读能力、辨析能力和速记能力是十分需要的。

阅卷之后，应立即拟一个备忘提纲：

一是对案件的总体看法；

二是对有关事实真伪的分析判断，有关疑点；

三是适用法律上的正误；

四是向被告的提问要点。

3. 会见被告

一般来说，被告对案情最知底，也最关心起诉事实。因此在拟写辩护词之前，可以听取其意见。在会见被告时，应做好以下工作：

（1）表明态度与立场，交代有关政策。在争取被告信任的基础上讲明辩护人与被告的关系（讲明辩护人不是代理人或代言人，以使其打消某些糊涂之念），争取双方在诉讼过程中在法律的意义上“配合”好。

（2）认真倾听其对起诉书的意见、对案情的有关交代及一些合法要求。

（3）按事先拟好的提纲提问。

（4）在会见行将结束时，应对其不正确的想法给予必要的教育与解释。

（5）如附带有民事诉讼，则还应问一下被告对民事部分的处理意见。

为争取会见的积极效果，在态度与纪律上辩护人还应注意以下两点：

第一，辩护人的态度既要诚恳、耐心，又要谨慎、严肃。不要轻信也不宜轻易表态。特别是对还需进一步调查核实的东西切不可把自己的初步估计讲给被告，以免将来被动。

第二，遵守监所或者劳动场所的规章制度，切不可违法、犯规。

4. 二次阅卷与调查走访

二次阅卷，是指带着会见被告之后产生的新问题、新思考再次翻阅案卷和有关文字的活动。调查走访就是对经过二次阅卷后仍解决不了的问题的实际调查。调查走访的总目标是核实与取证。其工作要点如下：

（1）对被告提出的证明其无罪或罪轻的事实，鉴于被靠被羁押，辩护人可代为调查取证；

（2）阅卷时发现的证据、口供不清或其他令人怀疑之处，可直接找被害人进行核实，并对其陈述与卷中的口供做比较分析；

（3）对与定罪量刑有直接关系的一些重要细节，辩护人可找有关人员（诸如原告、法医、现场目击者及其他有关公民等）进行调查核实并把相应的鉴定文字拿到手。

此类调查不同于新闻采访。在方式方法上要注意的是：

（1）目的要明确，并且事先备好提纲；

（2）要向调查对象亮明身份、表明意图，以区别于司法机关的调查；

（3）讲求方法和策略，因人而异，有时开门见山，有时侧面迂回；

（4）如果调查获得了有价值的材料，并准备用来作辩护的，务必在开庭前将其提交法庭以征得法院方面的审查认可。

5. 分析案情，确立观点

辩护人在上述几项工作的基础上，应对了解到的有关案件情况进行一番去伪存真、去粗取精，由此及彼、由表及里的思考与分析，直到提炼出自己的辩护观点。可以说，辩护观点的确立是集准备工作之大成。下一步就该起草了。

（二）拟稿

在确立了辩护观点并拿到了可靠的证据之后，便可着手拟写一轮辩护的初稿了。另外，作为一个有经验的辩护人，还应同时拟写两个附件，即发问提纲和二轮答辩提纲。

1. 拟写一轮辩护初稿

一轮辩护词，一般由四部分组成：标题、开头语、辩护理由和结束语。

标题一般是一个偏正词组，即"定语＋中心词"的形式。其中"定语"即案件的简称；"中心词"即文种"辩护词"三个字。例如，《郑××非法行医案辩护词》《黄××交通肇事案辩护词》等。其中关于案件性质的用语一般是以起诉书的指控为根据，这与该辩护词的基本观点没有直接关系。

开头语（还叫“引言”）一般是辩护词正文之头。要开得简明有力，先声夺人。其一般包括四个小环节，即称谓、出庭的法律依据、开庭前辩护人的准备工作和辩护人的基本观点。

辩护理由是辩护词的正文部分，应下力撰写的原则是“以事实为根据，以法律为准绳”（见《刑事诉讼法》第6条）。在具体内容的侧重上，通常又有五种不同情况：一是从诉讼程序上辩护，二是从认定事实上辩护，三是从定性量刑上辩护，四是从情理上辩护，五是以宣传法治为主。

结束语一般是先再称呼一个“审判长、人民陪审员”等以照应开头，然后再集中强调一下全篇辩护的基本观点、意见和要求。有时为了加强法制宣传的效果，还可顺理成章、合乎逻辑地加一些有关文字。

2. 拟写两个附件——发问提纲和二轮答辩提纲

按照有关法律规定，在法庭调查阶段，辩护人经审判长同意可以向证人、鉴定人和被告直接发问（也可以请求审判长代问）。为此，在起草一轮辩护词的同时就要准备好法庭发问提纲，以保证现场提问的质量和效果。

二轮答辩是“针对公诉人对一轮辩护的答辩的反驳与辩解”。它不是一轮辩护的机械重复，而是对一轮辩护观点的强化、内容的补充和证据的强调。为在现场迅速地做出漂亮的“二轮答辩”，在拟“一轮辩护”时，就要认真估测一下公诉人届时在现场会提出哪些反驳意见，并随即拟出相应的答辩提纲。

（三）修改

修改之于辩护词，有着重要的意义。因为开庭前的草稿只有在法庭现场迅速修改后才好使用。换句话说，法庭现场的修改是规范而成功地制作辩护词的最后一道必不可少的工序。修改的主要依据是法庭调查时发现的有价值的新情况、新材料。所以认真听取、科学利用法庭调查是成功制作辩护词的第二基础（前文所讲，开庭前的诸项准备是第一基础）。

最后，当二审采取书面审理时，制作辩护词的有关事宜是：

第一，在了解一审情况、阅卷（包括上诉书和抗诉书）、调查和会见被告等项准备工作之后，便可着手制作辩护词；

第二，制作之后要及时交送审判机关；

第三，在法院进行书面审理期间多与法院进行联系，从而及时了解进度情况并在认为必要时做观点的强调、情况的申述，还可以回答法院方面提出的问题等，通过这些步骤争取法院方面接受和采纳辩护意见；

第四，必要时，依法可向法院提出开庭审理的要求。

（四）存卷

开庭后，辩护律师应把经整理修补后的辩护词文本定稿送交相关的人民法院，由有关人员编入“审判案卷”。

三、“辩护理由”的内容确定

辩护词从其文面结构来看，全文由四个部分组成，即标题、引言、辩护理由和结束语。其中“辩护理由”是全文的重点所在。相当于一般行政公文的“正文”部分。这里具体说明一下“辩护理由”的内容确定。

在“以事实为根据，以法律为准绳”的基本原则之下，“理由”的确定一般可从五个方面考虑：

（一）从诉讼程序上辩护

即指出在侦查、预审阶段“公检法”机关损害被告人合法权益之处。例如，对“侯××盗窃案”的辩护。案情是：侯××于1980年3月5日至5月8日先后单独行窃4起；又于1980

年4月14日至4月16日先后与佟××合伙行窃5起。××市×区法院未公开审理此案，只根据《中华人民共和国刑法》第152条、第151条、第14条第3款、第60条的规定，判处侯××有期徒刑6年。审理时既未为被告人（系未成年人）指定辩护律师，也未通知其父母。之后，被告及其法定代理人（侯××的父母），依法上诉，并委托律师出庭辩护。律师在了解案情、查阅案卷后，发现侯××属未成年人犯罪。据此，律师在该案辩护理由中写道：

根据我国《刑事诉讼法》第27条第2款的规定："被告人是聋、哑或是未成年人而没有委托辩护人的，人民法院应当为他指定辩护人。"本案上诉人是未成年人，一审法院审理时不仅没有为他指定辩护人，而且连被告人的父母也未通知，显然违反法律规定的诉讼程序。因此，请法庭按照《中华人民共和国刑事诉讼法》第138条的规定，撤销原判，发回原审法院重新审判。

（摘自北京市律师协会编《辩护案例》第一集第93页）

（二）从认定事实上辩护

多用于无罪辩护，即辩护律师把所掌握的真凭实据提出来，反驳并推翻原来的指控。运用驳论方法指出起诉书中自相矛盾之处。例如，以《不是"强奸"是"无罪"》为题的辩护词中辩护理由部分。原文如下：

被告人的行为构不成犯罪，理由是：

刘与于"关系特殊"，该厂群众早有议论。刘虽曾有同于发生两性关系的意念，但因怕"出事"，所以在长达四年的暧昧关系中，双方都始终没有逾越“搂、摸、亲”的范围。至于起诉书认定的1980年1月24日刘将于“推倒”“趴上”“欲行强奸”一事，刘也只是为了要“换个亲的方式”，而不是要“强奸”。况且，刘的这种行为也不符合“强奸”的客观特征。他当时顺手将于“推倒在炕”，从二人的关系说，是一种亲昵的表示；退一步说，即使于某不同意，当时也并不存在使她处于不能抗拒或不敢抗拒的状态。因之，这“一推”，自不能武断为“采取强迫手段”。再从于某这方面说，刘跟她入东屋至炕沿，此中有搂抱亲吻的情意，她是明明白白的，所以如同他们日常在搂抱亲吻之时一样，她此时也没有半点儿表示反对。如果说，刘当时的“一推”，使于来不及“抗拒”，那么，刘“趴在她身上”后，她又为什么顺受而不“抗拒”呢？故此，所谓“欲行强奸”和“极力反抗”，都没有事实根据。

再者，于在1月24日事发后，并没有对刘产生怨恨之情。这可以从刘被捕后于某的表态中得到回答：她不仅再三叮咛刘的爱人“给他多带点衣服去”，而且“眼泪汪汪”“睡也睡不着”“坐也坐不稳”“恳求书记同她去公安局一趟，一定要把他保出来”。于的这些表态，有该厂女工宋某、丁某、纪某和书记的反映可以证实。综上所述，被告人主观上既没有强奸的故意，客观上又没有强奸的行为。再从刘、于两人关系上看也并未因1月24日的事情而疏远以致破裂。因此他的行为不能认为是犯罪。

（摘自北京市律师协会编《辩护案例》第二集第1页，此处略有删改）

（三）从定性量刑上辩护

多用于有罪辩护，从内容上看主要有三种选择。

第一，抓住依法从轻、减轻或免除刑罚的情节。例如，《张××伤害罪辩护词》，辩护理由原文如下：

本案上诉人张××违法把“盗窃者”李××殴打成伤，认定他犯伤害罪，定性准确，没有疑义。但根据全部案情，对张可以适用缓刑而未适用，则不恰当。理由有三：

（1）上诉人张××和王××、杨×殴打李××，与李的死亡虽有一定的因果关系，但致李于死的原因，除此之外，还有两点一审未予考虑：一是李头部的七处伤只有一处是张打的，而其余六处伤是在张打之前在别处被别人打的。据此李所受的伤害，上诉人张××只能负一小部分责任。二是李被张××等三人殴打之后，还能直立行走，但由于当时有关部门指示张××所在的单位领导将李“拉出去扔了”，致使李在当时零下7~8摄氏度直至零下12摄氏度的严寒气候里，连冻带饿，伤情加重，终致休克死亡。因此，把李死亡的严重责任，全部归于张××等，不完全符合实际情况，因而是不公道的。

（2）本案发生在临近新年和春节之间，宋庄供销社领导为防止发生失盗，一再布置，加强保卫。作为共产党员、供销店组长的张××，重任在肩，以店为家，带头值班，为的是保护该店价值二万余元的国家财产，李××作案时，张××面临考验，挺身而出，与犯罪分子做斗争，其一片为公之心实堪表扬。据此，从其犯罪动机看，是有适用缓刑条件的。

(3) 张××从案发到逮捕受审，始终实事求是地交代罪行，悔罪态度较好，这是可以适用缓刑的又一条件。

总之，上诉人张××对危害结果应负的责任不大，主观恶性小，悔罪态度好，工作一贯积极，又是初犯，让他留在社会上，由公安机关交其所在单位监督，帮助改造，实行缓刑，他将不至于再去危害社会，特提请法庭予以考虑。

(摘自北京市律师协会编《辩护案例》第二集第126页)

第二，抓住案情中某些疑点症结，摆事实、讲法律、做分析，从而准确定性。即是“过失”驳回“故意”，是“中止”驳回“未遂”，是“自杀”驳回“他杀”，等等。请看关于《“是知情不举”而不是“窝藏”》一案的辩护理由：

《刑法》第162条第2款的窝藏罪，是一种故意犯罪行为，行为人必须故意将犯罪分子隐匿起来，以帮助他躲避司法机关的侦缉。本案被告人李××与杀人犯褚××的来往，主观上无此目的，客观上亦无实施隐匿褚的行为。因此不能构成本罪。

(1) 一个人有无犯罪的故意或过失心理状态，是构成犯罪的一个重要条件，是使人负担刑事责任的主观基础，被告人李××没有使褚逃避司法机关侦缉的故意，因此缺乏构成窝藏罪的主观条件。

(2) 正因为李××没有使褚躲避司法机关缉查的

故意，所以在与他厮守的时间里，客观上始终没有实施隐匿褚的行为。

结论，被告人李××虽然知道褚××是犯罪分子，但她主观上只有追求与褚“同生共死”的爱情目的，而没有隐匿褚的故意犯罪，客观上又没有实施提供隐匿住所、资助生活费、策划逃避追捕等足以使褚躲避司法机关侦缉的危害社会的行为，因此不能判她负窝藏的罪责，而应宣告无罪。

第三，从被告人犯罪的客观因素、认罪态度和一贯表现等量刑条件上提出从轻从减的辩护。请看《张××行凶杀人案辩护词》中的辩护理由：

现从被告人张××的年龄和案件的发生发展和犯罪的形成方面提出如下辩护理由，请法庭予以充分考虑：

(1) 林彪、“四人帮”腐蚀毒害青少年所造成的严重后果是不能低估的。他们为了篡党夺权的需要，疯狂地煽动无政府主义，使天真幼稚的青少年不懂得什么是革命纪律，什么是社会主义法制，甚至连成年人法制观念也淡薄了。

张××的犯罪，主观上是他本人年轻幼稚、头脑简单、平日法制观念淡薄、不注意世界观改造造成的；客观上又是林彪、“四人帮”煽动的无政府主义在他身上产生的恶果，因此张既是违法犯罪的害人者，又是林彪、“四人帮”的受害者。

(2) ~ (4) 略。

(5) 领导同志的工作方法问题。批评是一种手段，目的是帮助同志，促进工作。艰苦细致的思想工作不是停留在口头上和纸面上，更不是简单粗暴的行政命令所能奏效的……领导尚未全面深入了解情况，就在大会上批评他；出了工伤应给照顾，也未给照顾，反而把假条扔掉，并说："没轻活，爱干不干，不干就算旷工。"这样一步步地给这个年轻人造成了很大的思想压力，他自己认为他以后没有出路了，因此产生了自杀的念头，但他又认为他一个人死了不上算，又产生了狭隘的报复心理，因此在自杀前，在工地向组长毛××行凶。

（摘自率蕴铤、顾克广主编《法律文书选评》第525页）

（四）从情理上辩护

即在基本同意"指控"的前提下，抓住在犯罪背景、与同案犯关系和舆论导向等环节上于被告人有利的因素，从情理上作出辩护。例如，关于一起被告人在忍无可忍的情况下杀死一个曾强奸她，并继续威逼她的歹徒的案件辩护。其辩护理由如下：

据当庭宣读的证言和卷内所记载的材料，均证明死者生前是一个保外就医的犯罪分子，他一贯不务正业，横行乡里，挑拨是非，欺骗群众，妄图公开霸占被告人为妻，又对被告人之夫肆意进行人格的侮辱，寻衅闹事，已发展到肆无忌惮的程度。

再看被告人，一个普通妇女，为什么敢于手持板斧将人打死呢？辩护人认为用她寻短见前给自己丈夫的遗书就可以回答这个问题。她在遗书中写道："他是一个恶棍，他对我的污辱，实在是忍无可忍，但我也无面目见你……” 这段文字足以说明被告人是在死者一而再、再而三的疯狂逼迫之下才最后采取了你死我活的暴力手段，杀死了强奸她，并且继续威逼着她的罪犯，自己也才成了杀人凶手。

被告人触犯了我国《刑法》第132条，构成故意杀人罪，应受到刑罚，但也请法庭注意以上这些情节，给予从轻、减轻处罚。

另外，被告人作案后投案自首，依据我国《刑法》第63条之规定，也应从轻、减轻处罚。

（摘自辽宁省律师协会编《辩护词汇编》第26页之《从轻判处，顺乎民意》）

（五）以宣传法制为主

一般是对罪大恶极，非杀不可，或证据确凿的恶性案件的辩护。在撰稿时首先应肯定被告人的犯罪事实以及起诉指控的无误，然后结合案件的具体情况宣传法制。

综上，对辩护理由的具体内容确定做了五种归纳与分类。但这只是大略的和相对的。各位律师同志切不必拘泥于此，而应该针对案情及起诉的具体情况实事求是地灵活机动地写辩护理由，从而做出合乎事实与法律的有效辩护。

最后再说明一点，即如果是刑事自诉案的辩护，这一部分的内容应与法院的正确调解相契合。应尽量促使自诉人自动撤回自诉。倘能实现这一点，那就是相当圆满地完成了辩护任务。

四、“辩护理由”的表述艺术

这里拟从层次、语言和辩护论证方法上做些提示。

（一）层次安排

“辩护理由”的层次安排，一要讲逻辑性、条理性，所谓紧锣密鼓，步步为营；二要讲因案而异，灵活多样，切忌程式化、形式化。这里介绍三种供参考：

1. 破立式

它适用于“无罪辩护”。先就起诉书与公诉词中不实之处一一给予反驳，此为“破”；然后再进一步引用有关的证据和法条从而逻辑地得出结论，此为“立”。

2. 总分式（还叫归纳式）

它适用于“定性量刑辩”。在案情复杂、头绪较多的情况下，先理出要点逐层陈辩，此为“分”；最后得出结论，表明在定性量刑上与起诉书、公诉词的不同观点，此为“总”。

3. 两层式

适于证据确凿、事实俱在的重大恶性案件。其“辩护理由”部分文字不多，讲求言简意赅、不偏不倚。布局上分为两层：第一层，先简单地从事实定性、适用法律和诉讼程序上“表一下态”；第二层，实事求是地提出尚存或仅存的从轻情节，从而对被告给予一定的很有分寸的辩护。另外，再说明一下，“两层式”不一定就是“两段”，有时第二层又用“一、二、三……”的形式。

（二）语言表达

俗话说，“能言者善辩”。语言之于辩护词的重要是不言而喻的。下面我们将从两个方面对“辩护理由”部分的语言表达做些原则性提示。

1. 关于表达方式

写作基础知识告诉我们“表达方式”是写各类文章的具体“工具”，对辩护词来说，主要使用叙述、说明和议论三种。其中叙述和说明是手段，议论则是目的，三位一体，密切配合。叙述要精要、说明要客观、议论要有力。三种表达方式的配合，从具体情况来看又表现为三种形式：

（1）夹叙夹议式。请看如下一段文字：

> 被告人从一九六四年至一九七九年的十五年间，约给三十名精神病患者进行治疗，平均每年只医疗两名患者，这完全证明了他行医的业余性质。被告人常年参加农业生产劳动，从不游手好闲。该大队召集的群众座谈会的参加者一致认为：被告人“在劳动上表现很好，品质也很好，服从领导，干啥像啥”。这一客观反映，进一步证明为他人治疗的性质，不是非法行医。
>
> （摘自《郑××非法行医案辩护词》）

（2）以叙代议式。请看如下一段文字：

> 七月二十五日上午。张××感染的手还没有好彻底，才刚上班，由于他对七月二十四日领导在大会上不点名的批评有意见，要求到工区找领导，班长让他下班再去，他只好去保健站看病。这本是一种合理的要求，而毛××同志却阻挡不同意去，当张××从工区回来，把医生开的干轻工作的证明交给他后，毛××同志当场把假条扔掉了，在分派活时，又没有给以恰当的照顾，并说：“没轻活，爱干不干，不干就算旷工。”这就进一步促使矛盾的激化。
>
> （摘自《张××行凶杀人案辩护词》）

（3）边说（说明）边议式。请看如下一段文字：

鹿场这台汽车是日本“三菱”货车，使用一年多来，左侧一、二片弓子曾断裂三次。第一次是原弓断，因无配件，黄××使用“嘎斯”车弓子代替。以后又断了两次，有一次险些翻车伤人。这些情况，领导知道，并未查问解决。一九七七年，用这台车载客请领“载客证”时，县交通局曾让加高栏，但是领导迟迟不予解决。实践证明，有高栏和无高栏是大不相同的。因为成人上体部的高度多在七十至九十厘米之间，如果高栏加至一米高，一旦翻车，除人被砸压在颅、腰、颈外，一般能避免死亡。这次交通肇事，所以死伤惨重，就是因为无高栏窒息死亡二人，还有两人在挫伤前有窒息，也证明这个问题的严重性。领导迫使工人开有缺陷的车辆载客。翻车后扩大事故后果，是应负刑事责任的。

（摘自《黄××交通肇事案辩护词》）

当然，除以上三种表达方式外，在必要时白描、抒情等也间或有用，这里不再举例了。

2. 关于语言定式

这里先说明一下“准、精、稳、庄、通”的五字要求。

准是准确。一是指所有叙述、说明、议论的文字都应该准确无误、不差分毫。二是法律术语的使用要准确规范。如“从犯”不能说成“主犯”，“盗窃”不能说成“抢劫”，“传唤”不能说成“拘传”，“缓刑”不能说成“死缓”等。三是“引用”准确，即无论是对法条的引用还是对其他证明性材料的引用，都要实事求是，准确可靠。绝对避免“歧义”的发生。

精是精当。就是讲究简明扼要，重点突出。有话则长、无话则短，啰唆冗赘是辩护词之大忌。一般字数在两三千字以内为宜。

稳是稳妥。用语要得体要有分寸，注重现场效果。尽量避免用绝对、偏激和带有强刺激性（指刺激公诉人）的字眼儿。

庄是庄重。在态度严肃的前提下，用语要文明、雅正。一定不要轻狂浮躁甚至玩弄辞藻、哗众取宠。

通是通顺和通俗。通顺是说用语要合乎语法、合乎逻辑、合乎规范。注意语意的完整、连贯等。通俗是指用语要大众化、口语化，不用或尽量少用方言土语和古怪、冷僻的字眼儿。

3. 修辞格的适当选用

在上述五字要求的基础上，为求得更理想的辩护效果，有时还需要使用一些积极修辞的手段。常用的有设问、引用、反问、对比（对照）、排比等。

（1）设问例。《郑××非法行医案辩护词》“辩护理由”的前三部分，都是设问句起笔——

A. “什么是非法行医？被告人是不是非法？”

B. “被告人是否有骗取钱财的行为呢？”

C. “王××的死亡，被告人是否负有责任呢？”

（2）反问例。请看《陈××非法侵入他人住宅案辩护词》的一段文字：

被告陈××4月4日搬入该房时，此通知还在×城房管处的抽屉里，而且事先也没有任何人向被告家人宣布过。这怎么能说被告陈××明知他家的住房已被宣布作废，竟再次搬入加××家中，继续进行犯罪活动呢？被告陈××1980年12月24日的行为，因为持有住房证，怎么就又构成犯罪了呢？

(3) 对比例。请看如下一段辩护文字：

……为了达到共同生活的目的，是被告甲首先提出用投毒、打死等方法杀害其夫的主张，但她未敢实施。继而，被告甲又提出由被告乙将被害人打死的主张。被告乙虽亦表示同意，但一直“不敢”“害怕”，而没有付诸行为，尽管她再三催促，也仍是如此，而且在此期间，被告乙还屡屡接受家庭给介绍的对象，只是由于被告甲一再以“你搞对象我不能叫你好”相要挟，而又都一一“黄了”。这里，我要请你们注意杀人行为前这几个关键的日子：一九七九年二月初，被告乙订婚“串大门”，就在这一天，被告甲堵住乙，责问：“你不是要打死他吗？为什么不做，怎么还串大门呢？净用嘴调理人，你搞对象我叫你日子过不好！”被告乙仍表示“不敢”，甲又怂恿：“要想狠狠心，别拖拖拉拉的。”二日，又告诉被告乙：“范××去后街打扑克去了，你在那里等着他，瞟着他，用棒子冷不防整死他。”被告乙也未敢下手。三日，被告甲埋怨被告乙“净白话”，怂恿他天黑行事。就在这天晚上，发生了我们现在所知道的事情。

（摘自辽宁省律师协会编《辩护词汇编》第16页“奸情杀人”）

很显然，这是对一起“奸情杀人案”的辩护。为说明甲乙两被告在此案中的地位、作用以及应承担的刑事责任。辩护律师使用了“对比”的修辞方法。

(4) 排比例。请看如下一段文字：

> 张××所犯的行为杀人罪，性质是严重的，手段是恶劣的。他的犯罪给党和人民造成了严重的损失，给被害人毛××本人及其一家造成很大的痛苦，给社会也带来了很坏的影响。张××的犯罪行为。应由他本人负法律责任。对于给毛××造成的不幸和痛苦，我们全家都很同情和抱歉……
>
> （摘自《法律文书选评》第525页《张××行凶杀人案辩词》第二段）

这是辩护人（被告的姐姐）所拟辩护词的开头语，从句型上看明显带有排比性。当然其与文学作品里的排比句又不尽相同。

另外，上一例“奸情杀人”中的“一日、二日、三日……”的句子也可以说有排比性。

(5) 引用例。“引用”之例不再列举了。它几乎出现在每一篇辩护词里。

4. 现场辩论时的表达

(1) 口齿要清晰，并尽量使用标准音。

(2) 声音要有变化，依内容而定高低、强弱、抑扬顿挫，使其富于感情色彩。

(3) 从速度上防止太快，要从容不迫、铿锵有力，富于节奏美。

（4）适当用体态语辅助，争取在晓之以理的同时动之以情。

以上从几个方面对辩护理由的语言表达做了简要说明。届时还需要针对案情与现场情况，创造性地运用语言修辞，争取达到义正词严、声情并茂、雄辩有力、令人信服的程度。请看美国前总统林肯对一起“诬证杀人”案所作的辩护。

案情的原委是这样的：有一次他听说亡友之子小阿姆斯特朗被指控犯了“谋财害命”罪。法庭即将开庭审理判决，林肯主动出任辩护人。通过阅卷，他发现这分明是一个冤案，而问题的关键是一个叫福尔逊的一段证言：“我在十月十八日晚间亲眼看见小阿姆斯特朗用枪打死了被害者。”于是林肯经过一番考虑。在法庭上先向福尔逊发出了一连串咄咄逼人的“质问”之后，先发制人地发表了精彩的一针见血的辩护演说，“我不能不告诉大家，这个证人是一个彻头彻尾的骗子。他一口咬定十月十八日晚上十一点在月光下认清了被告人的脸。请大家想一想，十月十八日那天是上弦月，晚上十一点钟时，月亮早已下山了，哪里还有月光？退一步说，也许他时间记得不十分精确，时间稍有提前，但那时月光应从西往东照，草堆在东，大树在西，如果被告人的脸面向草堆，脸上是不能有月光的。证人怎么可能从二三十公尺外的草堆处看清被告人的脸呢？”

行文至此，也许有人同时会想，辩护词的语言要不要一点文采美，我们的回答是当然要。但这是区别于文学和新闻语言的一种文采美，这种美的内涵首先是字里行间体现出来的凛然正气和缜密严谨的逻辑，其次才是语言修辞的本身。而仅就语言而论，如果以上两个方面的若干要求能“兼至”的话，那么这文采美就生成了。

（三）辩护论证方法

前边已经提到，辩护词是一种特殊论文。其核心内容是对指控的反驳与辩解。那么这就决定了它的论证方法是以证明和反驳为主，常用的有五种具体方法。

第一，事证。用证据确凿的事实做论据，证明自己的辩护观点或反驳对方，证明被告犯罪之有无和定性量刑。

第二，法证。援引有关法律条文来证明自己的辩护观点或反驳对方。它是一般议论文“理证”的具体化。

第三，引证。引用来自起诉书、公诉词、被告口供以及其他的真实可靠的“证明材料”来充足自己的理由，来证明自己的辩护观点或反驳对方。在实际工作中，它的使用不是孤立的，一般总是和事证、法证结合在一起的。请看两例：

一是对有关事实的引用：

> ……乙人背后告诉我们说：“我们的领导，轻伤不知、重伤不报、死了人吓一跳，过了三天就忘掉，和我们阶级感情淡薄了！”可见，他们对待人民生命财产的官僚主义态度已经到了令人不能容忍的程度！
>
> （摘自《黄××交通肇事案辩护词》）

二是对有关法律的引用：

> 根据《中华人民共和国刑法》第9条之规定：“中华人民共和国成立以后本法实行以前的行为，如当时的

法律、法令、政策不认为是犯罪的，适用当时的法律、法令、政策。如果当时的法律、法令、政策认为是犯罪的，依照本法总则第四章第8节的规定应当追诉的按照当时的法律、法令、政策追究刑事责任。但是，如果本法不认为是犯罪或者判刑较轻的，适用本法。”被告冯××的行为是发生在1980年，按照上述规定，只能适用当时的法律、法令、政策，不适用1982年11月19日公布的文物保护法。

（摘自《冯××文物投机倒把案辩护词》）

第四，分析比较法。在“言证与物证”之间。“起诉书与证明材料”之间，“现象与本质”之间，“行为目的与行为结果”之间等进行分析比较、辨别真伪、明辨是非，从而得出既合乎法律的又合乎实际的结论和观点。在《沙××扰乱社会秩序案辩护词》中对于沙××的宗教活动与教徒闹事没有必然联系的论证即用的这种方法。请看有关文字：

当然，教徒闹事和被告沙××的宗教活动不是没有联系的。但这种联系只是偶然的，不是必然的。从表面上看，沙的宗教活动发生在前，教徒闹事发生在后，但成为原因的现象不仅要出现在成为结果的现象之前，而且还须起着决定结果发生的作用，如果该行为不具有危害结果发生的客观依据即实在可能性，那它就不是结果发生的原因，而只能是结果发生的条件。刑法中的因果关系是指危害行为和危害结果之间的内在必然联系，沙的宗教活动与教徒闹事之间，并不具有这种内在的必然联系。从卷宗提供的材料看。被告沙××的活动只是给教徒施洗，搞宗教聚会、奉献等，这些活动都不足引起闹事，根本没有证据说明沙预谋、策划或者煽动群众反对政府、寻衅滋事。按照我国刑法的个人责任原则，一个人只能对自己的危害行为所造成的危害结果负刑事责任。如果查明行为人的行为同危害结果之间没有因果关系，决不能要他对危害结果负刑事责任。卷宗材料证明教徒闹事是汪×云、杨×路等策划、煽动起来的（汪、杨等已另案处理）。沙的行为并不具有引起闹事和决定闹事发生的实际可能性。因此，不能以此追究沙的刑事责任。

第五，反用。所谓“以子之矛攻子之盾”，辩护人在运用这种方法时，把起诉书、公诉词以及当事人的陈述中那些在事实与法律方面的自相矛盾之处（或曰不能自圆其说之处）集中起来作为反攻的突破口，从而反驳对方并亮出自己的观点。请看《陈××非法侵入他人住宅案辩护词》中的一段文字：

×城房管处于1981年1月23日确定有一个宣布将贾××（被告之母）关于文庙巷16号西房两间的住房证作废的通知。但这个通知是4月9日晚，也就是被告陈××二次搬入该房后的第五天，才送到被告家中的。被告陈××4月4日搬入该房时，此通知还在×城房管处的抽屉里，而且事先也没有任何人向被告家人宣布过，这怎能说被告陈××明知他家的住房证已被宣布作废，竟再次搬入加××家中，继续进行犯罪活动呢？被告陈××1980年12月24日的行为，因为持有住房证，所以构不成犯罪，那么4月4日被告陈××同样持有住房证，怎么又构成犯罪了呢？

本文行将结束，笔者还想强调的一点是，各种应用文体的本身都有着先天的边缘性、交叉性。比如，还以这辩护词为例，它既有论文属性又有法律属性。因此要想科学地把握它们，从而规范地制作它们和有效地使用它们，就必须从文体写作学和有关的其他科学（如法学、秘书学、管理学等）两方面入手加以研究与探讨。这也正是当今在科学技术领域里各门科学、各种范畴之间，互相渗透、彼此关联之必然。

（本文1988年和1995年先后刊发于《天津政法》和《法律文书与行政文书》）

回忆录及其写作

近年来，笔者在报刊上常看到老年朋友们写的回忆“昨天”的文字，更常常接受老友自费印制的回首当年风云岁月的书册。笔者以为此事有意思更有意义，因为大家都有着丰富而充实的阅历，既经受了革命年代的考验洗礼，又感受了中华人民共和国的成长变革，而个人的苦乐得失亦自在其中，通过回忆撰文，从容而客观地对于自己昨天的奋斗、磨炼与拼搏给予一番回忆梳理，不仅活跃了思维、运动了脑筋，还能起到“化疗”心态，激发自信与热情，从而达到优化老年生活的作用。鉴于此，本文拟就回忆录的文体特征及其基本写法简单说明一二。

从概念界定上讲，回忆录就是通过个人回忆或采访阅卷，记录追述本人或他人的生活经历、社会活动、工作实践以及成长道路等，从而表达作者所抱定的理念信仰、价值观以及情感爱憎的文本。从性能上看它本属于实用文体（传记体之别类），鉴于近年来散文、随笔之类的指向日渐宽泛，故而倒可以说“回忆录”也是一种有着特定内容的散文随笔，当然又绝非咏物抒情和纪行写景那样的文学散文（因为它内容真实、文笔平实，而且排斥虚构、想象与夸张之类)。再从作者身份、写作时限、写作方法和行文关系等方面看,它又跟新闻稿件和公务文书不同,这里不再细言。回忆录既可写成单篇,也可写成专著;既可写自己的故事(“私撰”),也可写他人的(“公撰”)事迹。回忆录一体中外早已有之,儒家经典《论语》和《太史公自序》被认为是我国早期的回忆录文本。而古希腊克塞诺芬尼所写的有关他老师苏格拉底言论与经历的《回忆录》则是世界上最早以“回忆录”命名的物化文本了。

下面再就“私撰”类(自己写自己的故事)回忆文章的写作做些提示:

一是坚持内容的真实可靠和具体典型,坚持实事求是。对自己不吹嘘、不护短,对他人要尊重、要客观、要公允。像时间、地点以及若干细节之类,应力求准确无误,必要时还应找有关知情人或翻档案材料核对一番。

二是坚持主题思想取向的健康积极,以起到薪火传递、经验交流或警示后人的作用。为此重要的一点就是要讲点唯物辩证法,比如在某时、某事、某个问题上自己受过不公正待遇,或者冤枉、打击,甚至侮辱了其他同志等,都要用历史的眼光,实事求是地对待:前者(指蒙受不公正待遇)要看开一点,无须过多地发牢骚,要充分考虑到来自时代氛围与舆论环境的因素,不宜将“账”都算在某个人头上;后者(指打击、冤枉了好同志)则又该深刻反省、汲取教训了。

三是在确保事实材料真实可靠的前提下,还需注意选材与剪裁。一般来说,“所忆”应该是多于“所写”的,因此动笔前应动动脑筋,尽量将最有代表性的或曰典型的事实细节写出来。而剪裁是说写作时注意有详有略、重点突出。

四是行文应以记叙、描写(多用白描)、说明的表达方式为主，适当辅以对话、抒情和议论。叙说角度主要是用第一人称，不过在言及他人时自然又是第一和第三人称的交叉了。结构布局上应以纵式为主，兼用横式。再者，回忆录虽非文学作品，但在语言表达上也还是需要讲点“美感”的，就是说在亲切平实的基础上还应力求明快、流畅和生动。

（本文是原载《老警官幸福生活指南丛书》第三册《回忆让我更潇洒》一文的改写稿，该丛书由公安部离退休干部局组编，群众出版社 2013 年 1 月出版）

第三辑

新闻稿件写作

话说新闻采写

随着我国社会主义现代化建设事业的不断发展与深入，新闻传媒和稿件采写的业务也日见活跃。一个突出的表现就是，不仅业内报人记者们工作繁忙，就连各机关企事业单位的秘书或其他文职人员除干好本职工作外（写文、办文、搞协调、筹会议等），还需充当新闻通讯员的角色，时不时地要给报刊、电台、电视台写稿子发消息，从而达到宣传本机关单位，赢得互动之效。本文拟从原则上对新闻采写做些扼要提示，旨在助半路出家者一臂之力。

（一）要强化新闻敏感和宣传意识，及时恰当地撷取“新闻”素材

新闻敏感，是指新闻记者与通讯员能敏锐而及时地发现和捕捉新闻事实的一种职业素质。西方叫作“新闻鼻或第六感官”。记者与通讯员必须拥有这个素质。

而捕捉新闻素材（或曰信息）的几个着眼点就是：

第一，是否新发生的和即将发生的事实，比如单位将出台安全生产新举措、今年夏装的颜色与款式；

第二，是否重要的事实，比如北京市公交管理部门对出租汽车公司的若干新的限制性规定；

第三，是否为受众所关注的感兴趣的与大众生活工作相贴近的事实，比如某艺术性院校夏季招生对考生加试的新要求，公安机关对户口管理的新举措等。

即并非有闻必录，而是选择那些新发的重要的，与社会受众生活相贴近，让社会受众感兴趣的事实加以及时报道。

（二）坚持客观真实和主观投入统一的采写原则

与机关公务文书拟写一样，写新闻稿件时要确保稿件内容上的绝对真实，而且作为报道类稿件（消息、通讯之类）还必须坚持“让事实说话”的原则。而拟稿人的“报道意图”（观点、意图、倾向之类）则应渗透于陈述事实的文字之中。所以一般而言，稿件比公文更难写。

（三）心存受众，注重社会效益

完整的新闻传播具有三个要素，即“新闻事实”“传播者”（记者、通讯员、广播员、主持人等）、“受众”。其中第三要素尤其不可忽视，因为一条新闻报道积极的社会效益，只有靠着他们的接受才能真正赢得。一位老报人说得好：“读者是我们服务的对象，研究读者就是要研究怎样为自己的主人服务得更好。这无论是在新闻理论上还是在实际中都是第一号的事情。”文里的“读者”即“受众”。所以提醒大家在采写新闻稿件时要始终心存受众进而虑及社会效益（宏观而言，即强化主旋律与传递正能量）。时下出于某种经济利益之驱动，搞假新闻、有偿新闻都是极端错误的。

（四）提高自身素质及其采写技能

在自身固有的综合素质的基础上，作为通讯员应必备的智能技能条件大体包括：较高的理论水平与政策水平，拥有新闻敏感、新闻意识与调研采访能力，对各类新闻文体文种采写要领和新闻语体特点的把握等。

（写于 1996 年）

欲写好，先采好

新闻传播理论和新闻采写实践都无可争辩地告诉我们，新闻采访活动是办好报纸、写好新闻稿件的重要基础，也是出精品、出力作的先决条件。于此，笔者想与公安报刊的同仁们简单谈谈有关新闻采访活动的基本理论知识和实践经验。

一、采访是记者的基本功，采决定写，只有采好，才能写好

新闻采访是新闻记者及其报刊编辑凭借新闻敏感发现和获得初步的新闻线索之后，为全面地占有新闻素材，而进行的一种特殊的调查研究活动。仔细究来，它是由两个紧密相连的动作构成的，即“采”和“访”。“采”是寻找、采撷、搜集之意；“访”即访问、审视、查证之意。至于所谓特殊的调查研究活动，是与一般社会公务调研活动比较而言，其“特殊”之处在于以下五个方面：

（一）新闻性

就调查的对象而言，是新近发生的、具有公开性和普遍关注的人物、事件或有关问题。换言之，记者的调查是为及时而详尽

地了解新闻事实。总之，采访行为发端于客观存在着的新闻事实，无新闻也就无所谓采访。

（二）突击性

它较一般的公务调研更讲究时限性。行为上要求及时和迅速。据此，有人说采访有一种突击性。

（三）广泛性

一般社会公务调研活动，其范围较为固定，而新闻采访则不然，新闻采访是跟踪采访，即哪里有新闻，记者就出现在哪里，何时发生了新闻，记者即刻就去采访。由此，决定了它在时空范围和内容领域上的广泛性。

（四）集中性和灵活性

新闻采访的最终结果是撷取新闻素材中最为精彩的环节、细节和相关背景材料，它不必像一般公务调研那样追求事物的"全过程和系统化"，所以说它带有集中性；而另外，它又往往在采访活动过程中，扩大采访范围，更换采访对象，所以说它又带有灵活性。

（五）持续性和延伸性

记者为连续发报道，对于一个富于新闻性和贴近性的"理想素材"，可以从其不同侧面和不同发展阶段进行连续采访，从而实现连续报道。其中又有两种情形：一是连续型，即总起来看时间不间断（比如 1988 年 5 月、6 月间，各报对于"周某远绑架女收款员"一事的采访）；二是间断型，即就一个新闻事实采访报道之后，停了一段时间，在新的背景、新的角度、新的意义上再次采访报道。

至于说到采访对整个新闻传播活动的意义，我们可以从以下两个方面来理解：

一方面，新闻事件本身虽然是客观发生的，但对新闻记者们来说，它又绝不是“飞将军从天而下”，而是靠自己的主动寻觅和捕捉得到的。如此，便显示出新闻敏感和新闻采访的重要了。只有具备这种敏感，并善于采访，才能使自己成为真正的新闻富有者，才有可能写发出具有新闻性、贴近性的上好稿件。这正如很多新闻工作者所说：“新闻是跑出来的，新闻要用脚写。”总之，采访在先，写作在后，只有采好才能写好。

另一方面，正如刘少奇当年所说，记者的采访是“独立地做相当艰苦的工作”。通过经年不断的艰苦细致的采访实践，可以锻炼记者的社会意识、新闻敏感、知识能力、观察能力等。因此可以说采访是培养记者职业道德、业务素质和活动能力的有效途径。我国著名记者邹韬奋先生曾说：“所谓活动力，是不怕麻烦的研究、不怕艰苦的搜索和不怕艰险的奔波。”

二、端正采访的思想作风，明确采访的基本要求

采访是一种艰苦细致的特殊实践活动，更是一门学问、一门艺术，其高下得失尽有不同。这里向大家说明一下作为我们公安法制新闻工作者在从事采访活动时所应具备的思想作风和应恪守的原则要求：

（一）正确的指导思想和采访作风

1. 坚持辩证唯物主义认识论，实事求是，一切从实际出发

真实是新闻的生命，这是不言而喻的。因此，事实第一，尊重事实的思想原则在采访时就要充分注意到。否则，稿件的真实性就无从谈起或根本不能保证。于此，切忌先入为主地带着结论去采访。

2. 上天入地，依靠两头

作为社会主义国家的记者，其采访活动是自命和他命的辩证统一，意思是说社会主义的新闻传播活动有着很强的功利色彩。

原则上讲，记者的采访活动并非个人行为。至于公安法制新闻传播活动更肩负着随警作战、宣传法制的重任。因此大家在各种各样的采访活动中，务必要坚持上天入地、依靠两头的原则。所谓“上天”，是指依靠领导；“入地”，是指依靠群众。关于“上天”，以往的基本经验是：一是主动上门，找领导谈话，或参加有关政务性或业务性会议，从而了解你所欲知的新闻事实动态以及有关领导部门的部署、意图等背景材料；二是及时翻阅有关文字材料（简报、工作报告、会议纪要等）；三是在采访活动的后期，构思新闻稿件时，主动征求领导意见，比如关于宣传角度、主题取向和褒贬尺寸等。如何“入地”呢？以往的基本经验是：一是放下无冕之王的架子，虚心向群众学习，甘当群众的小学生，身心并入地登门求教、拜师访友；二是建立自己的新闻基地，与富于实践经验的基层群众做知心朋友。作为公安报刊同仁，还要注意两个圈子的联系：第一是内圈（即公安圈）；第二是外圈（即社会圈）。

3. 要有良好的采访作风

采访作风是记者思想作风、工作作风、学习作风和生活作风在采访实践中的综合体现。它同采访指导思想密切相关，也可以说它原本就是采访指导思想的一个有机构成（所以本文把它置于“指导思想”部分内）。在当前经济转轨时期，强调记者良好的采访作风尤其必要。作为公安法制新闻记者应该拥有怎样的良好采访作风呢？笔者认为至少包括如下几点：一是谦虚谨慎，平易近人，不拿记者架子；二是坚持原则，不搞有偿新闻，不吃请、不收礼、不纳银；三是开动脑筋，独立思想，不偏听偏信；四是不怕苦，动作快。

（二）几个原则要求

1. 不打无准备之仗

实践证明，如果记者对于欲要采访的新闻对象一无所知，那么采访将很难进行，即便进行也是事倍功半，劳而无功。据此，凡采访事先要做好严肃而充分的准备。这里的“准备”从理论上说，可分成两种：一种是平时的准备或叫远准备，即不是针对一个具体的采访项目，而是为以后所有的采访而进行的准备。这也就是行为科学上所说的“功外之功”。这种准备的根本目的在于全面地提高记者自身的理论修养和知识水平。其具体内容包括：一是理论政策的准备；二是社会信息的准备（包括焦点问题和热门话题）；三是文字材料的准备；四是百科知识的准备。另一种是临时准备或叫近准备，它是指在确定了采访对象之后围绕着对象所进行的若干具体准备。一般包括：明确采访目的、了解对象情况、搜集有关知识、拟订采访计划等。

2. 细采详访把握要点

实践告诉我们，人们一个成功的行为是要多次才能完成的，对于采访也是如此。对一个采访对象来说，记者必须靠多次深入细致的采访才能获得“真知”，其中必须抓到以下三个方面：

（1）基本情况。包括事实的过程、主要人物活动和基本数据等。

（2）典型言行细节。这里的典型是指客观存在于新闻事实中的原初典型。在采访时，要特别注意这种原初典型的撷取。因为将来写进稿件，将会赢得相当的表现力。

（3）重要背景材料。大家知道，好新闻要写好背景。所以在采访时要有意识地抓住背景材料（诸如历史的、地理的、人物的等），比如在《为了流血的警察不再流泪》（载《人民警察》1997 年第 11 期）和《世界第一村》（载《人民警察》1997 年第

4 期)，两文中作者就有背景材料的恰当使用，这些背景材料显然是在采访过程中获得的。

3. 采访过程中要辅以思考

采访是外在行为过程，但因为采访的根本目的在于写稿发稿，在于把新闻传播于受众，所以采访还不能只停止在“已知”这个程度上。因此有经验的高手总是把“采访”和“思考”结合起来。所谓思考：一是思考事实的性质、特点、意义、背景、影响等；二是思考如何报道。从写作学的角度来说，采访既是写报道的准备，同时也是一种超前性“构思”。因此在采访活动中就应对“写作过程”中的若干问题进行思考，诸如立意、取角用体、剪裁布局等。

三、讲究采访方法，提高采访艺术

正确的指导思想和采访作风，虽然可以保证采访的“健康”，然而，要想赢得采访高效益、好收成，还须在总结以往经验教训的基础上，讲究方法，提高艺术。就此在这里重点提示一下：

(一) 多种采访方法的恰当选择和综合使用

多年来，中外记者们发明创造了许多行之有效的采访方法，大家应该很好地学会使用，但要注意的是，要因事、因人而异，恰当选择，综合使用。

1. 交谈法

记者一对一、面对面地与被采访者交谈，不断问答。这是最常用的、最实惠的采访方法，用得好的话，效果颇佳。当然它也很讲究艺术性。请参见本书 157 页“(三)”的有关部分。

2. 蹲点法

蹲点采访，源于毛泽东同志的“解剖麻雀”的指示（详见

《反对本本主义》和《我们党的一些经验》两文)。具体做法是，在一个时期内，花一定时间，根据形势任务选择一个“点”去做调查采访。据笔者所知，由于我们公安法制新闻工作者工作忙、人手少，蹲点采访往往被忽视，这也正是我们的报道缺乏力度和深度的原因之一，希望大家今后能特别注意。

3. 建立基地

在蹲点采访的同时，还可根据主客观方面的条件，有意识地建立一个或几个采访基地，长流水不断线，不断撷取寻索新闻素材。选择的基地要有代表性（除先进的代表外，后进的代表亦可选)，交通方面尽量方便一点。如果因忙不能亲赴基地，可采用“电信”方式保持信息沟通。基地对作家和记者颇有好处，对此刘白羽同志有很真切的体会。他曾说：“我做记者时有一个工作方法，就是我始终有一个连队作为自己的一个‘点’，战前战后，我总到这个连队去，他们熟悉我，有话愿意跟我说。当时部队上同志开玩笑说：‘你那个连队’很重要，我能通过一个连，了解整个部队的思想动向、精神状态。”(《记者生活漫谈》)

4. 会议法

有记者招待会和座谈会两种。

记者招待会，一般由政府部门、社会团体或个人公开举行。会上先由主持人发布新闻消息或介绍新闻事实情况，然后由前来赴会的各路记者提问题，再由主持人或侧座的其他成员解答。赴会的记者要有较高的水平，反应要快，所问要简明准确、富于力度。再者，因为现场高手云集，所以与会记者要有竞争意识，要抢先提问题，提要害问题，不可做窝囊的旁听人。记录应迅速准确，由现场氛围引发的联想也应及时记下来。

座谈会就其主客关系来说，与记者招待会正相反，它是由记者主动邀请若干新闻“知情人”于同一时空、对同一新闻话题进行群口采访。会后可以“座谈会”为题直接报道，亦可以其为素材写成消息和通讯之类。

5. 观察法

用“钻头般眼睛”（刘白羽语）捕捉现场瞬间印象和精彩镜头。许多人把观察排除在采访之外，这显然是一种误解。其实，采访的“访”即具有观察的含义。观察是对“问”的必要的有益的补充，它可以核实材料，获得有利的第一手证据（特别是我们写案例新闻稿件），还可以把握现场的环境气氛，扩大谈话的线索，进而找到新的话题。

6. 隐性采访

它是与一般的显性采访相对而言的，即记者不公开身份亦不明言采访目的和采访活动方式。它适用于某些事件、案件问题的采访，对于公安法制新闻来说很有用场。搞隐性采访，需要记者具备胆大心细、随机应变的职业素质。

7. 集体采访

就某一重大新闻题材，记者们事先做好分工，然后分就某一侧面或环节去进行采访，“回家”后再归并组合。这个稿本可直接上报或送给其他未参加采访的记者们，当作他们编发有关新闻报道的“蓝本”。这方法在西方叫“普尔”（即“合伙”意）采访法。1984 年夏，美国总统里根访华时，美方新闻界就采用了这个方法。该方法用得好能赢得妙的“整合效应” （即 1 +1 >2）。因此，近年来为满足社会受众对重大新闻事件及时而全面的了解之需求，在我国广播电视新闻传播和文字报道方面也常常使用。

8. 其他辅助性方法

主要有交叉采访、跨行业采访和易地采访等。

交叉采访，是指在同时发现几个新闻线索时，记者为了节省时间和精力，对这个新闻对象同时进行的采访。它要求记者有较高的驾驭能力和机动灵活的采访艺术，争取安排得当、各得其所。

跨行业采访，是指专业记者为从更大的背景上占有新闻素材而使用的“跳出去”采访的方法。我们搞公安法制新闻，为争取“联手效应”“网络效应”（见《学论·评论·讲座》中《公安宣传的理论思考》一文）而应该提倡这种方法。

易地采访，是指到自己分工范围以外地方的采访，新华社多次组织分社记者搞易地采访，实践证明颇有好处。各省厅的报刊记者亦可这样做。实践上许多“叫好”之作都得益于易地采访。

（二）关于深化采访

一般来说有了好态度、好作风又能较好地使用上述一些方法，采访是会成功的。但如何不断深化从而挖掘出更多新闻内涵，仍需要靠大家在实践中摸索自悟。这里提出三点建议供参考：

1. 上下沟通，点面结合，反复深入，锐意开掘

俗话说，功到自然成，采访亦是如此。多年的实践证明无论是光明的新生事物，还是需要曝光的社会“痈疽”，想入木三分、水落石出，就必须以“踏破铁鞋”和“打破锅”的精神，自上而下、自下而上，由点及面、由面回点，搞多次反复，才能使采访深入本质，获得真知。请看记者黄宗英采访全国著名植物女科学家秦官属时所进行的五次采访：

第一次是自下而上：秦官属（陕西西安植物园研究实员，1978 年春全国科学大会代表）—全国科学大会陕西代表团负责同志（即省科委负责同志）；

第二次是自上而下：北京—陕西西安植物园书记、干部和群众；

第三次是自下而上：陕西西安植物园干部、群众—陕西省科委负责同志；

第四次是自上而下：西安—商洛山区洛南县（秦官属进行野

生药材驯化技术指导的地区）—洛南县药材公司主任、干部—古城公社谢底大队社员群众—秦官属；

第五次是自下而上：秦官属—西安植物园书记—科委负责同志。

2. 抓事物特点，了解“这一个”

这一点比较好理解，从辩证法来说，事物都是个性与共性的辩证统一体。一位公安英雄，除具有作为警察卫士的职业精神共性之外，势必有他自己的个性，这个个性包括其性格、爱好、经历、环境给他造成的心理态势和自己笃信不疑的哲理等。一个案子也自有它作案、发案、侦案、判案的特殊轨迹。记者在采访中，应善于抓到这些特点，并从这些特点的产生、形成中找到时代的、社会的、人生的、道德的、法律的意蕴所在。比如，二张（指张卫华、张策）写的“周志远绑架女收款员”一案就很成功。原因之一是采访时抓住了其人其案的特点。

3. 透视本质，达到“神似”

所谓深入，从哲学意义上说就是深入事物的本质（包括人的本质、事件的本质、时代精神的本质等）。只有找到本质，才能给新闻稿件找到精神支柱，特别是在写人的报道和通讯中，更是如此。比如，《祖国高于一切》，作者在对内燃机专家王运丰的多日采访中，掌握了王运丰的大量的生动感人的事实材料，但在关于王运丰何以渡过千难万险，并于花甲之年为祖国奉献才智？其巨大的精神动力是什么呢？通过反复的采访终于触到了本质，找到了答案，那就是王运丰有一颗滚烫的赤子之心，他自己意味深长地说：“祖国的利益高于一切。”

4. 找问题，善于发现症结与关键

一个记者，在采访过程中，不能像小学生听课一样，从“被采访者”那里索取现成答案，而应通过不断地采访观察与思考发现症结、关键和要害之处，进而找到更富于新闻价值和宣传价值的东西，以提高未来稿件的“含金量”。

（三）提高“问”的艺术

采访在某种意义上说，就是“问”的艺术。因此记者应该练就一套“问”的神功，以“征服”五花八门的“被采访者”。被采访者，一般具有两个特点：一是多样化和多类型。多样是从职业身份、文化程度等方面来说的，而多类型，是说有善谈的、不善谈的、不愿谈的和没空儿谈的。二是被动性。从辩证法的意义上说，即采方与被采方是一对矛盾体，出于种种复杂因素（这里不好一言以蔽之），在许多时候，被采者往往在开始时态度冷淡，情绪消极。鉴于被采访者的这两个特点，要求记者应该拥有极大的热情、忍耐力和高妙的引发艺术，因人而异地打破僵局，使采访得以比较顺利地进行。一些成功的方法有：了解对方，找到突破口；因人而异，不卑不亢；守时守信，以礼相待；贴身随行，食宿一处。

这里且举两个成功之例——

其一，1980年8月意大利著名的记者法拉奇采访邓小平同志。请看开头几句：

法：“明天是您的生日，邓小平同志！”

邓：“我的生日，我的生日是明天吗？”

法：“不错，邓小平先生，我是从您的传记中才知道的。”

邓：“既然你这样说，就算是吧！我从来不知道什么时候是我的生日，就算明天是我的生日，我已经76岁了，76岁是衰退的年龄啦！”

法：“邓小平先生，我父亲也76岁了，如果对他说，是一个衰退的年龄，他会给我一巴掌呢！”

邓：“他做得对，你不是这样对你父亲说的吗？”

……

其二，1988年10月上海著名作家叶永烈对陈伯达的采访。经过充分准备而胸有成竹的叶与陈相对而坐之后，开始第一回合的对话：

叶："陈老，我早在1958年就见过您！"

陈："哦，1958年，在什么地方？"

叶："在北京大学。"

……

原本尴尬的采访，气氛一下子变得轻松起来。

至于不成功的"发问"也不乏其例，这里仅举一例。电视台节目主持人对一位著名青年武生演员的采访：

主持人："你祖父是老生，你父亲是花脸，可你为什么学武生？"

显然主持人想通过这个问题追求一种"对比效应"，其实这却令对方很难回答，甚至陷于尴尬境地。因为据悉是因为他嗓子倒仓才改行的。因此，笔者认为不如换个问题：

"你嗓子倒仓后改学武生，对此你是否感到遗憾？"

以上从三个方面向大家谈了关于采访之功，最后再顺便简单说说关于记录。

为准确而全面地把采访的宝贵材料记存下来，除了用大库存以外，比较简便易行的方法就是手记。手记的一般规律为当场少记，回去补记。当场记，应记要点，记易忘点、代表性原话，记典型的场景和记者即兴而来的联想与感受。再有，把自己鬼使神差般产生的有关拟写方案的灵感及想法，也要记下来。此外，在适当条件下还可利用音像设备。

（原载《公安新闻采写论谭》中国人民公安大学出版社1998年版）

新闻稿件类别

古人讲“文莫先乎辨体，体正而后意以经之”（明·徐师曾），所以在此说说新闻稿件的类别体式问题，届时对朋友们的采写定会有些裨益。

新闻稿传统上分为报道类和言论类两大类别，前者又分为消息（包括短讯）、通讯、述评、特写（含速写）、新闻故事和调查报告等；后者又有社论、评论、专论和编者按等。此外还有人物专访、新闻公报、工作研究和读者来信等。这里仅对比较基础的八种“用与写”简单介绍一下。

一、消息

消息是对新近发生的具有一定报道价值和宣传意义的各种事实和动态及时而简短的报道。再从报道的具体内容来看，又可分为动态性消息、综合性消息、经验性消息等。从篇幅上又有系列消息、短新闻和一句话新闻等。其文体特点是快、短、灵。快是说报道应最及时、迅速，两三日见报为佳；短是说行文简洁，几百字解决问题，无须详叙细描，也不提倡作者出面议论；灵是说由于采得及时，写得漂亮，而赢得较好的“受众效应”。

二、通讯

通讯是消息的近邻，是重要而又得力的新闻报道体裁。它是用比较富于表现力的综合表达方式，对新近发生的新闻事实（包括人物）做及时而较为详尽报道的新闻体裁。从写法上讲，可以有适量的描写、议论与抒情；结构上更趋于散文化，而不拘“三块式”（导语、主体和结尾）和“倒金字塔”之类。通讯历来有人物通讯、工作通讯、概貌通讯、事件通讯和小通讯之体别，对于公安法制通讯来说则主要有英模人物通讯、侦破通讯、动态通讯和工作通讯等。

写好各类通讯的关键有两点：第一，及时抓到富于新闻价值而又适合于通讯体裁的事实材料；第二，匠心经营独特而恰当的视角。人物通讯既要写出高度又要写出“个性”，这样才能“立”起来。工作通讯要通过生动的事实和感人的细节描述，写出“事实”的社会意义和思想内涵。

三、特写

特写作为一个新闻体裁，过去曾有过一些不同看法，就是如今，东西方在认识上也不尽相同。这里我们仅以近年来我国新闻采写实际为宗加以认定和阐述。

首先应该明确指出，特写与报告文学以至于近来十分走红的纪实文学不是一码事。从血缘上看特写更近于通讯，可以说是通讯的别体。作为一种新闻体裁，它历来被称为“描写的艺术”，即动用描写之笔更集中地写出某个新闻事实中最感人、最具有新闻价值的片段、场面和细节等。内容上，较通讯更富于典型性、侧重性，篇幅上一般长于消息、短于通讯。因此总体上看，它更有表现力和可读性，因此希望大家给予更多的光顾。

四、新闻故事

它是通讯的一个别体，以报道一个首尾完整的新闻故事为采写机制。在公安法制报刊上所见最多的是案例新闻故事，它以一个颇有警醒价值的案例的事实为素材，将新闻性、故事性和法制性熔于一炉，形式上小巧玲珑，活泼多姿，因此亦颇受读者欢迎。据此，我们可以说它是新闻宣传武库中的“小口径步枪”。采写新闻故事，一般要注意这样几点：一是一事一文，内容集中、一旨贯中；二是为实现“寓思想于故事”的基本构思，要特别注意角度的确定和故事的剪裁，篇幅控制在几百字；三是在标题上下工夫，精巧以致引人入胜的标题是该体所必需的。

五、报告文学

报告文学是在近代报纸新闻的基础上，逐渐成熟和发展起来的用文学手段直接而迅速地反映新闻事实的边缘性文体。新闻与文学的结合是它的生命基因。近年来在更广义的纪实文学异常活跃的波及下，报告文学也焕发了新的青春，新闻性、时代性、战斗性和文学性的有机结合是该体的审美品格。

鉴于其拥有的文体功能和反映生活上的某些特长，该体便成了公安法制新闻传播的得力媒介，长期以来被公安法制新闻战线的记者们普遍使用。

在确保真实性、新闻性、时代性的前提下采写报告文学，可以动用虚构以外的种种文学手段。比如，结构上的大胆创新（电影蒙太奇和现代小说时空错位、意识流等），表达方式上的综合交叉，笔法上的烘托、象征、想象、联想、移情、通感等。总之，通过文学糖分的灌注，以期在增强可读性、启教性的同时，给读者以更多的美感享受。

六、述评

述评本是消息的一种，即述评性消息。用比较观点来看，亦可以说是介于报道与言论之间的一种新闻体裁。其采写特点是在对典型新闻事实作及时报道的同时，有针对性地伴以议论与抒情。显然，该体有着明快、泼辣、酣畅淋漓之长。

关于写法请看《新闻述评及其写作》一文，这里再简单强调三点：第一，总体上它仍属于“报道类”，因此应该仍以述为基础，而评务要精当简练，不可随意铺张；第二，结构上因文而异，灵活多样，尽可跳出“三块式”框架；第三，文字上要注意叙与议的搭配。

七、调查报告

公开见报的调查报告是新闻报道稿件的一个主要体别（内部使用的调查报告乃是通用文书之一）。它旨在反映新事物、新经验、新问题、新动向以引起舆论的关注和领导的重视。调查研究的意识与能力也历来是新闻工作者们的基本功之一。两点提示：一是注意内容（题材）的选择，防止负面值；二是注意有别于通讯和言论，不宜过分地叙描和过量地议论。

八、评论

狭义而言，也是言论类新闻稿件体别之一。一般是指除社论和特约评论员文章以外的篇幅简短、形式活泼多样的言论性稿件。公安评论常见的有专题评论、短评和编者按等几种。

写法上要注意：

第一，评论是借题发挥的稿件，选好论题乃是关键；第二，评论范围不宜过大过宽，以集中于一人、一事、一案、一情为佳；第三，文字上要叙议结合，平和庄重、简洁明快；第四，论辩上不宜正面交战，可以用些对比、类比、归谬、反诘、设喻、警策之类。

以上九体简介已毕，还要赘言的是：第一，诸体同中有异，异中有同，作者应于反复的采写实践中准确把握各体特点与采写要领，从而从单篇上提高稿件的编写水平（这正是当务之急）；第二，不忘“定体则无，大体须有”的古训，不拘体束规，以优化读者效应为宗，于诸体之间适当地变通、大胆地创新，以进一步提高新闻稿件的整体水平。

（写于 1998 年）

漫谈公安新闻报道

公安新闻报道是公安宣传事业的一个有机组成部分，也是社会大众新闻传播的一个子系统。新时期以来（特别是1984年《人民公安报》创刊以来），公安新闻报道事业已有了令人瞩目的长足发展。为进一步优化公安新闻报道，使之更好地担负起宣传公安、随警作战、面向社会、服务“中心”（经济建设中心）的责任和使命，笔者拟结合自己近两年来的阅读感受谈几点想法。

一、充分认识“印刷媒体”的优长

新闻报道属印刷媒体，它与广播、电视共为当代新闻传播的三大媒体。当然，就公安宣传事业来说，除这三大媒体以外，还有文艺宣传、理论宣传、展览宣传等形式。公安宣传部门和具体工作者应当从优化公安宣传的整体效应出发，科学而准确地把握住诸媒体在自身性能和“接受效应”上的特点及优长，以更好地运用它们。这里，仅就作为印刷媒体的公安新闻报道在自身性能和接受流通效应上的优长做些简单的比较说明：

（一）便于传播者的“主体参与”

凡新闻传播都需要传播者的主体参与，而文字报道这种形式使传播者的“主体参与”十分方便自如。在通讯、特写以及报告文学等报道类稿件里，记者在报道人事的同时完全可以辅以精当的抒情与议论；至于评论、按语等言论类稿件，则更可以旗帜鲜明地、直截了当地发表传播者自己的观点与意见。

（二）接受过程的随意性与灵活性

从接受过程来说，又有着相当的随意性和灵活性，比如它不受时间和空间的限制，拿到报纸后可根据读者自身活动日程和生活作息安排来选择阅读时间；至于地点，更是毫无限制的，办公室、客厅、卧室床头，乃至汽车或火车上均可。再从过程上看，既可以一次读完也可以分几次读完；既可以读一遍又可以反复数遍。

（三）传播范围

就传播范围来讲，归根结底，报刊也较电视广播为广，在那些尚无“电信设备”的边远落后地区，报刊仍然是十分重要的信息载体。

总之，尽管电台广播与电视目前十分走红，但纸质的公安新闻报道一宗仍是公安宣传的十分方便得力的工具与载体，这一点我们应该充分认识到。

二、强化新闻敏感，不断拓宽报道题材范围，使公安新闻报道与公安三大职能相适应

新闻敏感，是指新闻工作者所必须具备的能敏锐发现和捕捉新闻事实的一种职业素质，西方称其为“新闻鼻”“第六感官”它是新闻工作者的一种职业本能和顿悟式的思维态势。它来源于新闻工作者的认知和理论水平、新闻工作经验积累以及观察感受

能力、判断思考能力等。一个新闻工作者，只有具备了新闻敏感，才能于瞬息万变的大千世界里及时发现新闻线索，深入开掘事实之中的新闻价值和思想内涵，也才能在构思稿件时运筹出最佳的报道角度。

在拥有新闻敏感的前提下，公安新闻的笔杆子们，便应主动而自觉地最大限度地开阔自己的视听空间，进而拓宽报道题材范围。为此公安报刊记者、编辑及业余通讯员们应该借助会议、活动、社交、领导讲话、群众议论、马路新闻、报刊文摘、文件文书等各种渠道和“中介”广泛摄取信息，撷采新闻素材。还需特别强调的是，首先要抓住颂警题材，其次才是体现打击惩办职能的侦查与“严打”题材。此外还要抽出一定的精力光顾有关服务和管理职能的各类题材，比如公仆廉政、婚姻家庭、人际关系、伦理道德、心理情操、行居安全等。如此，公安新闻报道的新闻含量必将大大增加，传播信息、制导舆论和灌输观念的根本宗旨与目的也才能得以真正实现。

三、提高稿件美感，在表现技艺上下功夫

鲁迅曾说，单是题材好是没有用的，还要有技术。毛泽东同志也曾说过：“办报需要必要的技术修养，这是毫无疑问的……好的技术能把正确的政治内容最完善地表达出来，坏的技术则不能做到这一点，甚至起相反的作用。”（《政治与技术》）看来，要提高目前公安新闻报道的整体水平，在拓宽报道题材、丰富稿件新闻内涵的同时，还必须要在提高稿件综合美感，在表现技艺上下功夫。这里针对时下公安新闻稿件的实际着重做三点提示：

（一）深入开掘报道主题，巧妙运用背景材料

写作行为本身是个主客观相统一的思维言语过程，公安新闻报道更是如此。在公安宣传员手中，同一个新闻事实素材完全可

以提炼出不同的主题内涵，而且一个宣传意旨又完全可以用不同的新闻素材来表现。前者如关于保定地区交通局长周××非法绑架女收款员一事各报的不同报道；后者如歌颂民警的公安意识、敬业精神和智勇人格的不同人物通讯与报告文学的采写。据此，要求大家在择定文体的同时再深思熟虑一番，从而开掘出接触事物本质并与时代背景相呼应的主题内涵。比如，在采写颂警题材时不宜停止在一般模范事迹牺牲精神的歌颂上，而应该进一步深入采访和反复提炼，从而找到“这一个”英模烈士的现代公安意识、复合性格和情感天地。再者，新闻报道历来讲究有关背景材料的熔铸。因此为深化主题内涵，记者从采访到构思要始终注意对背景材料的发掘和使用。如果背景材料发掘和使用得力，那么稿件的主题便可得以强化，并收到不同凡响的社会效益。

（二）努力提高新闻语言的审美品位

语言对于文章的重要是不言而喻的。新闻稿件则更要求语言的力度和美度。就报道类稿件来说，它要求叙述语言的艺术，即准确、凝练、得体并富于一定的情感色彩；言论类稿件则又要求议论语言的艺术，即尖锐、鲜明、肯綮并富于历史的和逻辑的力度。时下公安报刊上的稿件在语言表达上普遍来说还都不甚理想，其通病是不流畅、不简练，更谈不上生动美、风格化、个性化等。究其原因，一方面赶出来的“急就章”容不得句句推敲、字字求安，另一方面是语言意识问题。笔者总感觉由于“第二文化”（即电脑技术）的出现与活跃，大家对作为“第一文化”核心的语言文字有所忽视。其实仅就新闻与文学而言，语言文字还是须臾难离的工具与材料。

（三）借鉴古今中外的文学技巧

新闻在技术上的文学化已属大势所趋。我们公安新闻工作者正好应该顺应这一潮流，熟悉文学技巧并将其运用于自己的新闻报道中。说到文学“技巧”，笔者认为它有着相对的独立性，可以为甲内容服务，也可以为乙内容服务，关键全在于作者的驾驭调遣之功。因此笔者认为中国传统技法和西方现代派新法都可以借鉴和移植。比如，作为中国传统章法的比衬、预叙、藏笔、一字立骨、皮里扬秋、一石三鸟、悬念、伏笔、巧合、矛盾、互见、侧写、象征等；作为西方现代派手法的意识流、大幅度心理描写、时空错位、平行蒙太奇、交叉蒙太奇、遗憾效应、反常效应、梦幻效应等。

四、在坚持以正面宣传为主的同时，适当写好批评性报道

大家知道，我们党在强调以正面宣传为主（反映主流、报道成绩与光明、讴歌英模等）的同时，亦对借助新闻媒体正确开展批评与自我批评作了不少原则性指示。比如，1950 年在《关于在报纸刊物上展开批评与自我批评的决定》中，明确指出：“吸引人民群众在报纸刊物上公开地批评我们工作中的缺点和错误，并教育党员特别是党的干部在报纸刊物上作关于这些缺点和错误的自我批评，在今天是更加突出重要了。”在 1954 年的《关于改进报纸工作的决议》中，还明确提出：把报纸能否充分地开展批评与自我批评和干部是否保护自下而上的批评，作为衡量报纸党性的尺度。那么，面对当前深化改革和经济体制的转轨，笔者认为在公安新闻报道中适当地编发批评性稿件是绝对必要的。正如老百姓所说，“不怕上告，就怕上报”，而历来成功的批评报道实践也充分证明了这一点。当然，为赢得健康而有益的社会效益，则还必须坚持实事求是的态度和适时、适量、适宜（区别对待，内外有别、把握火候分寸等）的原则以及多种多样的形式。

（写于 1996 年）

新闻述评及其写作

述评，也叫新闻述评、读者述评、评述性新闻等，它是介于“报道类”与“言论类”之间的一种边缘性新闻文体。具体说来，它是针对一定的社会背景与现场态势，抓住国内外重大而富于典型意义的新闻事实（包括矛盾问题和有关倾向等）予以及时报道与直接评论的新闻体裁。它与报道类稿件，诸如消息、通讯、特写不同，因为它在“叙”的同时还加进“评”，但又与“言论类”中的社论、特约评论等有别，因为它不可“架空”地进行宏观的说理，必须以具体的新闻事实为依据，给以集中而肯綮的评论。据此，其主要文体特点是题材的重要性、接近性、典型性；体裁上的边缘性和表达上的叙议合一性。

从内容着眼，述评大致有四种：一是动态述评（或曰形势述评），比如《世界面对着挑战》（原载《人民日报》1980 年 12 月 23 日）；二是思想述评，比如《拷问灵魂——由江苏“7 · 16”特大强奸抢劫在逃案引发的沉重思考》（原载《人民警察》1995 年第 1 期）；三是事件述评（或曰事态述评），比如《唐山大火向谁问?》（以下简称《唐》，原载《人民警察》1993 年第 7

期)；四是工作述评，比如《坚定地走下去——厂长负责制试点情况评述》(原载《人民日报》)；《羊年悲怆——交通事故忧思录》(原载《人民公安报》1991 年 6 月 7 日)。

由于“述评”突破了只“让事实说话”的报道类新闻稿件的采写“戒律”，而在很大程度上允许记者的“直接参与”，以至于大大增加了稿件的宣传力度和舆论导向作用。大家知道，与广播电视相比，报纸新闻很难实现“同步”报道，而“述评”之优长似乎又正好弥补了这一先天性不足。它可以“从容”地发掘新闻事实的深度，然后发出“绝响”。因此我们可以毫不夸张地说，述评是新闻体中的一具“良材”。

也许正是基于这一点，近年来，笔者看到的一个可喜现象是，“述评”一体也逐渐为公安新闻笔杆子们所“重用”，在公安报刊上编发了不少述评稿件。论其质量品位，自然也是良莠参半。俗话说，“良材还需巧匠”，希望公安述评采写水平也能有明显提高。为此，在这里谈几点想法：

(一) 发挥新闻敏感，及时捕捉典型的来自社会的与公安法制有关的新闻事实（这里是指广义而言，其具体包括人事现象、舆论倾向以及矛盾问题等），并写出富于深刻思想内涵的述评文字

这里的“典型”有两个含义：一是事实不论大小和繁简都与公安工作和法治建设大计有关，也即都具有鲜活的现实性和明显的重要性；二是富于社会关注性和接近性，特别是某些祸国殃民的反面事实。比如，《警察背黑锅现象透视》一文（原载《人民公安报》1995 年 1 月 8 日 3 版），针对在现实生活中为保驾护航而夜以继日赴汤蹈火的广大民警，不被理解和爱戴还无端“背黑锅”的反常现象，记者抓住一些典型事例予以了较为深刻的披露与剖析。这篇述评的“选材”可以说是比较好的，因而自然

赢得了可读性和社会效益：一是让广大公民理解了警察；二是令警察疏散了不平之气；三是个别行为欠佳的民警从中得到反省，决心端正言行。

（二）准确把握文体特点，以叙为主、夹叙夹议，借事明理，理寓事中

正如前文所说，述评带有边缘性特点，它本质上属“报道类”稿件，而不是“评论”。因此文章应以叙述为基础，评论紧敷其上，而切忌不见事实的抽象论理和空洞说教。总之分寸要掌握好，做到叙为皮、议为毛，皮上长毛，皮实毛盛。比如，《反对官僚主义是惩治腐败的一个重要任务——内蒙古案例剖析之一》（以下简称《反》，原载《法制日报》1990 年 1 月 5 日 4 版），全文近 1500 字，“叙”占 2/3，议占 1/3。文章列举内蒙古自治区土肥公司、乌海市皮毛制革厂、通辽市第一造线厂以及自治区若干民政部门，由于不少领导机关及干部的严重官僚主义所导致的“国计民生”上的惨重损失，进而记者又掷地有声地喊道：“彻底惩治官僚主义才能使清正廉洁、忠于职守蔚然成风。”

（三）结构上不拘一格，尽可灵活自如，因文而异

新闻述评的结构有如通讯，比较自由，一般不取动态消息的“三块式”（即导语、主体、结尾），而是适应边述边评、夹叙夹议的行文机制，采用逻辑递进式、总分总式和多面比照式等多种结构方式。

1. 逻辑递进式

针对采写的新闻现象，以记者的思考审视先后为线索逐渐展开全文。比如，《毁容兽行谁来制止》（原载《人民公安》1993 年第 7 期）的结构布局。其几个层次小标题为：“接二连三的毁容令人发指”“毁容为何接连发生”“犯罪分子是不当人格教育的牺牲品吗?”“侵害妇女有没有行为过失呢?”“毁容谁来制止”。

2. 总分总式

所谓总分总式即开头迅速提出新闻事件或基本观点，中间陈事实、议事理，逐步深入，结尾照应开头一锤定音、画龙点睛。比如，《反》一文即为此结构。该文开头的一段文字是：

“内蒙古监察机关在查处案件中发现，官僚主义是领导机关领导干部最容易犯的一种政治顽症，其已成为一种危害相当大的腐败行为。”

然后一个过渡（“官僚主义严重的表现及其危害”）进入中间部分。中间部分（篇幅为4/5），分为三层把官僚主义劣迹一一揭出，并伴之以尖锐批评。中间部分完成之后，是一个画龙点睛式的结尾（结尾具体文字见本书170页“其二”所引）。

3. 多面比照式

本着述评内容与主题之需，把两个或几个相关（或相反）的矛盾事物（或言行）并列铺开，边叙边议的结构方式。比如，《唐》一文，该述评旨在报道“2·14”唐山大火的悲痛事件的同时，对酿成火灾的种种“人为因素”给予严肃的揭露与评判。文章写得凝重有力，结构上即采用了“多面比照”的格局：一面写火一面写人，通过“迟到的马拉松报警”“画饼岂能充饥”“种瓜才能得瓜”“谁是纵火者”“让逃生堂皇起来”等小标题，写出了“火灾”全过程中的“人为因素”，从而挖掘出该“新闻”应有的深度，进而强化了稿件的宣传力度。

除上述三种结构式外，述评作者，尽可在强化主题，增加可读性的“功利”原则上再蹚出些新路子。

（四）新闻述评的语言定式：鲜明尖锐寓于思辨和情感色彩

新闻述评的语言在坚持“简洁、具体、鲜明、生动”的新闻语体品格的前提下，其独具的语文表达定式应该是鲜明、尖锐并富于思辨和情感色彩。据此，组句上常常是长短结合、奇偶并用；修辞上排比、层递、反问、设问，以及比喻、顶针、引用、重复等时有所用。请看以下几例：

1. 组句上的长短奇偶并用

请看《唐》文中的两段文字：

冲向火魔的人们，在火魔的威逼下退却了。无知战胜了勇敢，消防的盲点战胜了气吞山河的豪迈气概。

火魔发疯了！既然生灵没有把它消灭，那么反过来，它就要吞噬掉生灵。

……

如此混乱的场面，没有人喊一声“镇静”；更没有人站出来组织疏散。孩子倒下了，老人倒下了。就在楼梯内混乱成一片的时候，烟魔赶到了，火魔赶到了！

2. “排比反问”等修辞

这里还以《唐》文为例：

如果身为施工队队长的岳江懂一点消防知识，还会硬让对电焊一窍不通的电工董某烧电焊吗？

如果孟玉珍果断停止施工，那么悲剧还会上演吗？

……

一场以80位亡灵祭奠，震惊全国的无情大火熄灭了。然而，唐山大火向谁问？它给你给我，也给千千万万的人们留下了深沉、久远的思索……

3. “引用”的修辞

在《读书人喜获金钥匙》（原载《人民公安报》1995年1月

22日4版）一文中的引用文字：

冰心老人曾大声疾呼：决不能让堂堂一个中国，960万平方公里的肥沃土地，在21世纪变成一片广阔无边的文化沙漠。

再如《羊年悲怆》一文中的一段文字：

公安部交通管理局局长张正常不无悲凉地说："近年来，全国每年各类非正常死亡人数有10万人，而其中死于交通事故的就有5万人左右。中国交通事故的死亡人数，居世界首位。"

4. 爱憎褒贬的情感色彩

请看《羊年悲怆》中的两段文字：

司机朋友，你们既是方向盘的把握者，也是生命的把握者。请好好地爱惜别人，也好好地珍惜自己吧！

当张生荣驾车逃跑的一瞬间，不但神圣的法律被他践踏了，而且连起码的一点点人性也丧失殆尽了，堕落到连动物都不如的地步！

（五）标题要富于吸引力和感召效应

标题对新闻稿件来说是至关重要的，而对于以"直接参与"和"思辨色彩"见长的公安述评来看，标题的艺术则更是举足轻重了。一个好的述评标题将一下子触动受众的情感与思维以至于赢得共鸣共识的阅读效果。至于拟题何术之有？也很难具体言明，这里且归纳一下笔者所见的述评标题类型以启发大家：

审视型，如《警察背黑锅现象透视》；

思辨型，如《羊年悲怆》《阴差阳错的涉外婚恋》；

设问型，如《唐山大火向谁问?》《毁容兽行谁制止?》；

判断型，如《反对官僚主义是惩治腐败的一项重要任务》《读书人喜获金钥匙》；

呼吁型，如《还我那份尊严》。

（原载《公安学刊》1996 年第 3 期）

案例新闻写作提要

近年来，伴随着公安法制新闻宣传事业的发展，案例题材的新闻稿件和纪实作品的采写显得十分活跃和突出。翻开各家公安法制内外报刊（特别是“外”），在诸如“社会透视”“情与法”“利剑出鞘”“探案纪实”“社会广角”“侦破纪实”“警世钟”“治安纵横”“探案寻踪”“疑案揭秘”等名目繁多的栏目之下，读者总会读到一些内容各异、体式花杂、格调高低不一的案例题材的通讯特写、新闻故事和案例纪实文学等。总之，我们可以毫不夸张地说，各类案例题材作品已成了公安法制新闻群体中的一门“望族”。因此研究它的自身规律，找到它的采写“必然”，从而提高其格调品位，优化其社会效益，实属当务之急、日程中事。这里笔者仅就时下案例新闻作品的采写实际粗略谈几点思考，以期集思广益、互相切磋。

一、案例新闻作品属社会新闻范畴，写案的本旨在于警世醒人

简单来说，案例新闻稿件是对社会上新近发生的而又具有一定社会再认识、再宣传价值的某件或某类案件真实而及时的公开

报道。因此从本质性能上看，其不同于司法机关内部编写的各类（应用）案例文字。（应用）案例属应用文体范畴，而案例新闻作品属于新闻文体。具体说来它属于社会新闻范畴（即西方所说的“软新闻”)。其根本宗旨和价值取向在于通过报道案件的发生与侦破观照社会、启醒世人。从新闻学辩证法角度来说，这是完全合乎逻辑的和可以做到的。因为案件都来自社会现实，并且是社会人际关系的一种特殊表现形式。被案件魔方涉及的既有犯，又有民，更有警。当然，真要兑现上述的采写宗旨又谈何容易！它需要诸作者正确的新闻观、采写法，相当的眼力和笔力以及从选案立意到取角择法上的匠心经营。正如唐人方干所云：“直缘多艺用心劳，心路玲珑格调高。”

二、采写案例新闻要走正路

案例题材历来是公安法制新闻与文学的“抢手货”，题材上也确有得天独厚的“趣味性”“惊奇性”“娱乐性”。但面临这一“优势”，不同作者就可能走向正与邪的两条不同路子上去。其正路是：努力挖掘案件的社会意义和报道价值，写出既有“审美趣味”，更有思想深度、宣传力度的佳作；邪路，则反其道而行之：在拜金主义的影响下，一些作者背离了案例新闻采写之本旨大义，而自觉不自觉地步入歧途，借助案例题材自身的“惊奇、花哨”之长，一味披露和渲染那些血淋淋的“红”、醉醺醺的“灰”和色眯眯的“黄”。这一点确实还应引起大家的充分注意。我们认为，作为一个公安法制新闻记者必须坚决走正路，不走邪路。并且应该相信，只要路子对、功夫深，案例新闻作品完全可以达到真实性、思想性、法制性、趣味性和可读性的有机统一。

三、寻找独特的视角，以深化内容、新化形式

应该说大多数作者路子是对的，其作品也是健康的。但所写又确有平俗雷同之嫌。怎么办？答案当然不能一言以蔽之。这里仅提出两点参考意见：

一是要善于采访、精于用案，从而找出独特的采写视角以赢得犯中见避、别开生面的艺术效果。所谓视角包括三个层面：

第一，选材视角，即要善于选取那些新发的、最富于某种社会意义的典型案例来写，而切忌“一窝蜂”“一刀切”；

第二，选题视角，这里的“题”并非标题，而是指社会问题和法制主题，也就是说，要善于从宣传法制、披露社会问题的角度出发，在同一类案件题材中找到新的“切入点”；

第三，笔法视角，即在同主题、同题材下运筹出这一篇恰当而又富有新美之感的写法。

二是在“新闻人格化”上下功夫。“新闻人格化”是说不论什么题材、何种体式的新闻稿件都要注意从表现社会各色人等的角度来写，突出人的活动、人的思想情感和人与人的关系等。案例新闻作品于此大有潜力可挖，以往不少的成功之作也为此提供了一些宝贵经验。

四、关于“文学化”问题

新闻与文学联姻是20世纪中叶以来一个世界性文化潮流。从西方的新新闻派到我国新时期以来的纪实文学热都是这一文化潮流的相关反映。为加强作品的可读性、审美性，案例新闻作品自然应在加强“文学性”上下功夫。但笔者认为作品的真实性（包括具体案情上的真实和主题本质上的真实）还必须恪守和保全。因为“真实”是新闻的生命，新闻必须“真实”。“文学化”

应在确保真实性的前提下予以提倡和实施。从采写实践上说应该在“表现工程”上下功夫，诸如笔法视角、布局谋篇、语言修辞等。对于那些打着纪实文学的招牌，极尽歪曲杜撰、抄袭拼凑之能事的赝品，我们是坚决反对的。因为它阉割了新闻作品的真实性前提，既损毁了案例作品的整体形象，又毒害了无辜的大众读者。

五、努力优化“新闻语言”

写好案例新闻作品的关键之一就是记者必须具有较为娴熟和老到的运用“新闻语言”的能力和技艺。因为“新闻语言”是新闻采写表现工程的一个要件。在毛泽东同志所提出的“文风三性”（即准确性、鲜明性和生动性）的基础上，作为“新闻语言”其基本品格则是简洁明快、准确具体、鲜明生动。这十二个字看来简单明白，但真要体现到每一篇不同体式的新闻作品中则又并非易事。具体到案例新闻作品，在这方面也实在还不能令人满意。有些作品之所以不能“上档出线”，其中一个不容忽视的因素就是作者驾驭新闻语言的造诣还不够。因此希望公安新闻界的笔杆子们于此下力。

（原载《金盾》1995 年第 3 期）

公安科技新闻采写

新时期以来，随着公安现代化事业的不断深入，公安科技战线亦日见活跃并成为警力的重要源头之一。1996 年 5 月的“全国公安科技大会”，在总结、回顾“八五”公安科技工作成果的基础上，又讨论制定了《公安部关于加强公安科技工作的决定》的重要文件并进而部署了“九五”公安科技工作任务。其中“社会公共安全保障体系关键技术”“重大工业事故和建筑火灾预防与控制技术”和“缓解城市道路交通堵塞关键技术”等已列入国家“九五”科技攻关项目。相比之下，作为侧翼的公安科技新闻宣传，则还显得不够活跃和有力（远不及公安外报外刊的战役宣传、队建宣传和法制宣传等）。比如，据笔者所知，从 1980 年到 1993 年，在公安部登记的科研成果已近千项，可真正用于工作现场的只有 30%，之所以如此，显然不光是经费问题，其中就有意识问题和宣传问题。看来，面对方兴未艾的公安科技事业的长势，公安科技新闻宣传肌体还显得羸弱一点。为尽快地缩小或消除两者（指科技事业和科技新闻宣传工作）之间的“不平衡”，笔者认为广大公安科技通讯员们应该努力于两个

“提高”：一是认识上的提高（指对科技强警以及公安科技新闻宣传作用意义的认识），二是能力和水平上的提高（指自身采写、报道公安科技新闻的能力与水平）。鉴于此，本文拟就这两个“提高”问题，再结合自己从《公安科技工作》《警察技术》以及一些外刊上所见到的公安科技稿件的实际谈几点意见，仅供参考。

一、认识层面上的几点思考

（一）关于公安科技新闻宣传的定位、作用与根本任务

公安科技新闻宣传既是公安科技事业的一个有机组成部分（它在公安科技事业本体基础上产生，反之，又为其服务促其发展），又是公安新闻宣传的一个新兴的重要分支。如果给它一个简单而又不失科学的界定的话，那就是：用新闻报道的诸形式及时而生动地传播新近发生的与公安工作有关的科技事实信息，其中包括重要实践活动、动态、成果、发明以及先进人物事迹与有关运作经验等。

大家知道，在知识经济时代，在科教兴国、可持续发展战略和科技强警的决策背景下，发展公安科技已是重中之重、刻不容缓，而欲真正在实践意义上发展公安科技，在相当程度上，还必须求助于公安科技新闻宣传机器的有效运作。英国学者培根说得好：“知识的力量不仅取决于其本身的价值大小，更取决于它是否被传播，以及传播的深度和广度。”由此，发展和优化公安科技新闻宣传的重要意义便不难领悟了。不容置疑，在发展公安科技事业本身的前提下，只有及时到位和卓有成效的新闻宣传，才能在广大警人中弘扬科学精神，才能使“成果”转化为“警力”，从而达到“科技强警”的目的。

本着对公安科技新闻宣传定位与作用的上述认知，笔者认为

公安科技新闻宣传的根本任务就是借助各类新闻宣传媒体大力推动公安科技新闻事业的发展，用科学精神武装警人、用科技成果服务警业，进而从一个方面促进公安文化以及全社会的两个文明建设。

真知而后善行，对公安科技新闻宣传的定位、作用与任务的进一步明确，将会启动我们每个通讯员的主观能动性，从而竭尽全力搞好自己的宣传报道工作。

（二）为更有效地推动公安科技事业的发展、迅速传播公安科技成果，公安科技新闻宣传必须加大科技信息量、丰富报道内容

经验表明，公安科技新闻宣传不能总是停止在“浅水作业”和“打擦边球”上。作为公安科技通讯员应该拥有信息意识和新闻敏感，全方位地观照科技一隅，耳聪目明，广泛而深入地摄取科技信息、捕捉新闻线索，从而打好攻坚战、持久战。面向广大公安民警，迅速采写出含金量高的报道稿件来。这里给大家提供一个报道内容参考范围：

一是高层领导有关公安科技工作的讲话、指示以及重要题词等；

二是部厅级（含直辖市）有关发展公安科技决策、规划目标以及科技管理的新机制、新举措等；

三是各地区、各部门公安科技实践活动的新动态和新趋势等；

四是科研成果与发明创造及其有效运用的新闻事实等；

五是科技强警的先进人物事迹等；

六是学习科普知识、开展科研活动的专题经验；

七是有关科普常识、公安科技信息以及有关事宜的咨询。

（三）为优化读者效应，还需努力赢得科技新闻稿件的复合性审美品格

文章都是写给别人看的，因此都应追求一个美字。只是因体因旨因人（读者）而异（宜）。那么公安科技新闻稿件应该赢得怎样的“美感”呢？笔者认为主要有如下几点：

一是内容上的真实性、科学性、信息性、知识性；

二是主题内涵上的引导性、服务性（实用性）、时效性；

三是形式（写法）上的通俗性、可读性。

显然，若要赢得如此“多位互补”的复合之美，采写者就必须拥有源于思想上、知识上、表达上的综合智能。因此希望大家不忘“文如其人”“文以识为主”“文以气为主”的道理，从修炼自身出发，达到提高稿件水平的目的。

二、采写稿件的几点具体提示

（一）抓好学习、调研与采访的三项基本功

“学习”，是指学习有关科技知识。据笔者所知，在大家的学识储备里，多半是哲学的、管理学的、宣传学的、公安学的和法学的等，而对于作为“第一生产力”的当代科学技术知识储备则还是小学生水平。但国内外科技新闻传播实践雄辩地表明：只有既通晓科技又通晓新闻采写的双料型人才才能成功地报道和传播科技。比如，美国著名科学家格莱克（《混沌——开辟一门科学》的作者）就是《纽约时报》的科技记者，而美国天文学家卡尔·萨根，既是科普作家又是《伊卡洛斯》（研究行星的杂志）的主编。所以建议大家为了搞好科技宣传，应自觉从两方面提高自己，特别是培养科技兴趣爱好，不断积累科技知识储备。届时，再下笔为文，自然不难找到“感觉”了。

“调研”，是指调研公安科技发展的趋势和有关焦点问题。

"采访"，是指身赴现场了解科技新闻事实与信息。常言道，"巧妇难为无米之炊"，新闻宣传需要有充足的信息源与材料库。至于富于指导性和服务性的公安科技新闻采写则更离不开深入的调研与到位的采访。身为科技通讯员，只有抓紧抓好这两个笔前功，才能充分占有丰富生动的科技信息材料，才能胸有成竹地做好选材立意、取角择体等系列构思，进而写出生动鲜活的报道来。至于怎样提高调研和采访的能力，又如何搞好这两项工作，请参见笔者曾写的《公安调研及其"报告"的撰写》(《公安文体写作导论》)、《欲写好，先采好——与公安报刊同仁谈采访》(《公安新闻采写论谭》)，这里仅再强调几句："调"要客观、全面、深入；"研"要透彻到位，求得真知；"采"要虚心细心，并讲究方法与效果。另外，"调"也好，"采"也好，届时还需像一些名记者那样，注意扩大战果，捕捉"意外"。

(二) 匠心于用料与立意

在确保内容真实典型的前提下，公安科技新闻稿件的用料还须注意：

第一，既要尽量贴近公安业务需求又要跟上科技大走向。例如，《DNA侦查技术的应用与前景》(《公安科技工作》2000年第10期)、《一种全新的生物特征测定方法》(《警察技术》2000年第3期) 等文。

第二，结合稿件主题取向恰当地确定报道角度与重点（讲究详略剪裁)，切忌一味地陈述过程与直接评价。例如，《当代警察》2000年第4期的一篇小稿《什么时候，每位警察都拥有一台便携式电脑?》的标题和角度就不错。

第三，重视背景材料的使用。新闻事实本身自有背景，因此采写科技新闻也要注意巧用背景材料，以强化新闻事实本身的价值意义并增加可读性。这里给大家推荐一例：1981年10月美国

《时代》周刊上的《会飞的孔雀——法国制成世界最快的火车》，是一篇写得很不错的科技特写，这里且把结尾处的有关背景材料的文字直录于此：

> 高速火车的能源消耗高于普通火车，但比汽车或飞机载人旅行所需的能源省得多。法国大部分电力由水电站和核电站供应，它扩大了电气化铁路投资，可以减少对进口油料的依赖。同时，法国人估计他们转让铁路技术将受各国的欢迎，欧洲大部分地区最终还是要使用高速火车的。弗朗索瓦·密特朗总统——一个铁路站长的儿子——在里昂登上高速火车。他在回巴黎途中说，法国原意拿“这个突出的技术成就”来打赌。他说：“长久以来一直被当作过时的交通工具的火车，今天正在扬眉吐气，将来它会比今天还要神气。”

而立意呢，这里仅提两点建议：

一是文以意为主，不论稿件长短和用啥体式，在报道科技新闻事实的同时必须渗透一个主题思想或一个精神内涵，而切忌就事论事的自然主义倾向；

二是克服主题“趋同化”（即诸篇主题都一样），而应本着“一事多义”的哲学原理，再结合圈内外（指公安与社会）的有关背景，在吃透新闻事实的基础上，深入开掘一番，从而确定出每一篇的“这一个”主题意蕴。1998 年 7 月《光明日报》的《科技周刊》上曾有一篇题为《赤峰：树进沙退》的概貌通讯，内容很好，但笔者认为主题开掘得还不够到位。其仅仅停止在“赤峰绿化成绩显著，并在挡沙进京上起到了明显作用”这个高度，而没能上升到当时已提到日程上来的“环保”主题的层面。

（三）强化择体意识、把握文体写法，实现刊物体式上的多样化和规范化

大家知道，文章皆依体而存，故古人有“文莫先乎辨体”之说。确实，以往的写作实践亦表明：不同文体于表述思维、传递信息、构成格局以及写法规范等方面均多有不同。至于适用于公安科技新闻报道的体别问题还需提示两点：一是可供大家选用的体式有报道类的消息、述评、通讯、特写、新闻故事、人物专访、纪实报告、调查报告以及言论类的工作研究、社论、专论、评论、按语等十几种之多；二是鉴于目前公安部科技局编发的《公安科技工作》（公安科技新闻宣传的主阵地）等刊物总体上还带有红头文件和内部动态简报的性质，刊登其上的“新闻”其实仅仅是一种内部新闻（或曰有限新闻、准新闻）。因此从文体上看，亦明显带有“复合性”。既有属于应用体的（如领导讲话、专题经验报告、调研报告、会议简报、动态简报等），又有属于新闻体的（如简讯、人物通讯、概貌通讯、新闻综述等），还有属于科技学术论文体的（如科技短论、科研论文和科技试验报告等，见《警察技术》）。笔者认为，其正好表明了公安新闻宣传尚处在“初级阶段”的事实。据此，建议大家在强化择体意识、熟悉诸体一般写法的基础上姑且兼顾两类（即应用类和新闻类）。届时，再根据素材事实、采写意旨、读者对象以及编者要求等因素，写出一篇篇体当文美的稿件来。倘能如此，眼下稿件体式单调和新闻的内容、公文的体式的“矛盾”便迎刃而解了。

（四）结构、语言和标题上的臻美

1. 说到结构，文体不同则要求亦不尽相同甚至很不相同

应用类诸体的一般讲究平直、严谨，富有逻辑性，因此多取并列、递讲和总分等类型。其布局谋篇的主要凭借是事实本身的

内在逻辑联系，再兼顾读者（受众）的阅读思路，鉴于此，比较讲究过渡照应之类。而新闻类诸体的则又是“文似观山不喜平”了，其更欢迎活泼多姿、富于变化的散文化。故其中离不开导语、主体、结尾的缀连以及背景材料的巧妙穿插之类。总之，其中颇有创造与发挥的余地，写者完全可以根据“表达效益”好自为之。

2. “语言是一切事实和思想的外衣”（高尔基）

因此书面语言的运用对于各类文章写作都是至关重要的，这里具体强调以下几点：

（1）在“共性”的意义上，两类稿件（即应用类与新闻类）在语言表达上都讲究准确简明、规范得体和平实生动；都以叙事状物、诠释说明的表达方式为主，而一般不需要描写抒情、想象夸张之类；从“个性”的意义上，前者（指应用类）则更宜平实庄重、严谨得体一些，而后者（指新闻类）则又要更活泼生动一些，甚至允许借助某些文学修辞和散文写法。

（2）鉴于所写是新生的深奥的科技内容，于语言表达上应力求深入浅出、通俗易懂，切忌在专业术语上兜圈子。比如，美国记者奥尔顿写的一则导语：“一位年轻的科学家因造出什么也没有的东西于今天获得了1000美元”（其中“什么也没有的东西”说的是“最纯的真空”）。于此，让我们重温一下钱学森先生曾说过的一句话：“作为一个科学工作者应该有这样的本事，能用普遍的语言向人民（包括领导）讲解你的专业知识。研究生在撰写论文时最好再写一篇同样内容的科普文章。这应作为考核的主要内容。这有利于打破死啃书本、只会讲‘行话’的弊病。”

（3）适当运用模糊修辞和图片语言。前面曾提到，公安科技新闻稿件的语言表达的“准确”之求，但若处处达到精确无误又谈何容易？因此在某种情形下、某个语境内，便很需要求助于“模糊修辞”，以达到“模糊性”准确的理想效果。比如，《DNA 侦查技术的应用与前景》（《公安科技工作》2000 年第 10 期）一文，在讲到“DNA 技术”尚存不足时的一段话就比较恰当地运用了模糊修辞：“加之内外环境因素的影响等，有时 DNA 技术鉴定也有误判，导致人们对 DNA 鉴定认识的不一致，使一些递交法庭的 DNA 证据不被采用。”

图文并茂是新闻编写大走向，为赢得形象生动之效果，公安科技新闻亦应适当辅以插图。当然，又要区别于一般社会新闻的配图，其标准是准确明晰、直观形象、一目了然。

3. 在标题上下功夫

标题乃文章之眉目，故各类文章都对标题美有所追求，只是具体“尺寸风格”不同而已。应用类的科技稿件（公函文、论文等），标题要尽量简明扼要、用语精当，如《互联网上的漏洞》《一种全新的生物特征测定方法》；新闻类的科技稿件，标题又应讲究新美生动，富于吸引力，如《中国农民按动电脑开关》《你每天吃得合理吗?》；等等。再者，为避免过长，有时可以采用复合型标题，正题形象生动、副题平实直白。例如，《联吡啶的特异功能——高锰酸钾·草酸消褪蓝黑墨水字迹的原理探讨暨褪色字迹的再现》。

在公安科技事业蓬勃发展的背景下，期待着公安科技新闻宣传工作及稿件采写也能有一个大的提高。

（原载《公安学刊》2000 年第 6 期）

侦破通讯及其采写

本着党委领导下专门机关与广大群众相结合的公安工作基本方针，近几年来，公安新闻战线呈现出比较好的势头。其表现之一，就是不少报刊，特别是公安、法制报刊除简单的公安动态消息和案件消息以外，一种带文学性的新闻报道体裁十分引人注目并日见活跃，它就是侦破通讯特写。几年来的宣传实践证明，这一新体是发动群众、搞好社会治安的有力武器，是法制宣传、文明建设、惩恶扬善的得力形式。出于对公安新闻写作的热情关注，本文仅就其文体特征及写作要则谈一些个人的粗浅意见，不是很成熟，不当之处请大家提出来，再做商榷。

先来谈谈侦破通讯特写的文体特征。

侦破通讯特写，还可以称为侦破通讯、侦破纪实。它是公开于报刊的对已破的具有某种新闻价值、宣传价值的案件具体而生动的报道。分解来说，其题材范围是具有一定报道、宣传价值的侦破案件；其总体内容是侦破与反侦破之间的尖锐、复杂、曲折激烈的斗争；其行文宗旨是宣传法制、弘扬正气、教育群众、威慑犯罪、打击邪恶等。另外，从文体学的角度来看，它还是一种边缘性文体。它具有新闻性和公安法制性两个基本属性。由此决定了它与相邻文体的严格区别。这里具体说明一下。

其一，与破案报告、破案调查报告的区别。

破案报告与破案调查报告是公安机关的工作行文（前者是公安机关的司法文书之一）。它们是内向的，其旨在公安机关内部交流经验、汇报、通报情况、掌握动态、研究规律等。据此，行文更平直朴素（当然，这不是说不需要注意文字上的简洁、通畅等行文基本规格）。而侦破通讯特写则是外向的、公开的，其旨在宣传、教育、威慑等。因而其必须讲究内容的宣传价值和文字的生动性、可读性。总之，两者有着严格的内外之别、文质之分。

其二，与侦破消息的区别。

消息的特点是更及时、更精要。它以讲清一个侦破事实为宗旨（当然，这一事实本身应具有一定的新闻价值和宣传价值）。篇幅上，通常只有三四百字。侦破通讯特写在时间上可以稍迟一点，但内容上相对要详尽一些而且讲究详略与侧重。除事实过程外，有关的环境背景、人物的行为言语等，都应做进一步细致的描述。写法上为赢得更大的可读性和生动性也更讲究（详见本篇后文“二”）。

其三，与侦破报告文学的区别。

两者可以说比较接近，但也有区别。侦破报告文学在坚持新闻性（包括真实性）的前提下，应该有更多的文学性。可动用除虚构之外的其他一些文学手法，诸如结构布局上的时空交叉与跳跃，文字上的抒情色彩以及写法上的烘托、象征、想象等。而侦破通讯特写的属性是一种有着特殊内容的新闻特写。另外，在篇幅上，侦破报告文学也更长一些，通常达万字左右，而通讯特写一般在五千字以内比较合适。

其四，与侦破小说的区别。

两者的区别更为明显。侦破小说是一种文学作品。允许其在基于生活真实和法理逻辑的前提下，动用虚构、想象等典型化手段。而且更注重典型环境的描写、典型人物的刻画。其中还少不了夸张、想象、象征等各种文学技巧的运用。而侦破通讯特写本属新闻体裁，它绝对不允许夸张与杜撰之类，而只能靠紧张的情节、鲜明的人物以及精当的剪裁、精彩的白描和恰切的悬念来赢得读者和教育读者。

综上，侦破通讯特写是一种有着特定性能、特定内容和特定形式的公安新闻体裁。它的美学品格是真实性、思想性、时效性和可读性、生动性的和谐统一。

鉴于侦破通讯特写的上述文体性能和美学品格。再结合当前报刊所见的侦破通讯特写的写作实际，这里再重点谈谈关于侦破通讯特写的写法问题。

一、严于选案、工于采访、深于掘意、精于剪裁

写侦破通讯特写不是例行公事，通讯特写本身也并非例行公文，因此不是凡案必写，而应择案而文。选择的总体根据就是报道的价值与意义。具体来说，有这样几点：第一，结合社会气候和公安战线斗争形势，看案件的特点，比如复杂性、艰巨性、激烈性、新发性等；第二，可提供给公安业务人员和群众的经验性、规律性的东西；第三，案件中包含的社会的、法制的、道德的意义、价值等。再者，在选中了侦破案件之后，切忌仓促动笔，还必须抓紧时间认真采访（特别是原来没有参与破案的作者）。俗话说，“新闻要用脚写”，侦破通讯更得先奔跑一番，即该跑的路要跑、该找的人要找、该翻的卷要翻，从而尽快全面而准确地占有第一手材料。以往的写作经验证明，只有这样，才能

为下一步立意与剪裁打下坚实的基础。

在熟悉了案情并且全面地占有了第一手材料之后，就要开动脑筋开掘主题了。这是一个艰苦的思维内工。其中不乏奥妙难言之处。概括地说，就是运用分析综合、发散集中、联想对比等思维方式由此及彼、去粗取精地挖掘出案件所内含的时代的、法制的、政治思想的因素，从而确定一个基本主题。下面且举两个例子加以说明。

《第三只眼睛——"一·二八"港客被劫案侦破记》（原载1988年7月29日《人民公安报》，以下简称《第》）一文。案情大意是：1988年春节前南昌市郊区公安分局刑侦队及南昌市局刑侦大队在当地群众的有力配合下，仅用了36小时就破获了一起特大入室抢劫案。当香港陈女士接过失而复得的积攒多年的贵重财物时，眼里滚着泪花，激动地说："警官同志们辛苦了！内地的警察真文明！"而当她谢赠茅台酒时，分局周局长却婉言谢绝了。请看，这起案子本身不就很生动吗？于是作者一下抓住了它，并进一步顺藤摸瓜地开掘出如下两层主题内涵：第一，警民协作才能大案速破，才能形成对犯罪分子的强大威慑（社会意义）；第二，在生动的破案事实面前，香港同胞陈女士获得了对内地文明的深入了解（政治意义）。由于选案掘意上的成功，给这篇侦破通讯特写带来了较好的阅读效果，掩卷之后还颇耐人寻味……

再如《京西银行大劫案》（原载《金盾》1989年第4期，以下简称《京》）一文。报道的是1989年4月27日中国工商银行北京市海淀区邮电学院储蓄所营业室内发生的一起抢劫案。在中央和公安部密切关注下，在北京市局及海淀、西城分局及黑龙江省牡丹江市公安局等几方面的通力协作下，经过6天6夜的艰苦奋战得以迅速破获。该文作者在掘意时颇具匠心，没有把主旨单纯落到歌颂、表彰几路刑侦队员的智勇行为上（而只把其作为主旨的一侧面），而是紧紧抓住罪犯是几名非文盲、非法盲的知识青年这个特点，以女犯张晶的堕落和犯罪为一个重点材料，赋予全文以另一个主旨侧面，即应该防止青年失足和尽力挽救失足青年。这样的主题取向大大增加了这篇通讯的思想力度和宣传价值。

在选案掘意的构思之后，接下来的问题便是：怎样通过有限的篇幅既交代好案情又表现好主题呢？回答是全在剪裁的功夫了。即根据案件自身特点、主题确定以及读者等几个因素对原案件材料给予认真的过滤筛选以分派出重点材料、一般材料和“废料”。行文时重点材料详写、一般材料略写，至于对表现主题和读者阅读都没有用的“废料”就毫不吝惜地删掉。请看以下两例。

《罪犯在凌晨逃窜——“6·20”特大持枪抢劫银行案侦破纪实》（原载《人民公安报》1988 年 7 月 5 日头版，以下简称《罪》）一文因为石嘴山火车站是破案的突破口，又因为石嘴山火车站的执勤民警的机警和勇敢是表现主题的重点材料，因此该文详写了这一块（占全文近一半的篇幅）。而关于两名罪犯的作案过程却仅用一百多字（占全文五分之一的篇幅）。这显然是有意地略写了。至于罪犯阎军从石嘴山火车站问事处逃离奔往梅勒车站后，又抄上辆东风牌汽车的事实经过，笔者想，当初无论是侦破人员还是该文作者都是会认真问及的。但因与该文无关大局故而有意删去了。

再如《足迹追踪》（原载 1989 年 9 月 7 日《法制日报》）一文，该文主旨是介绍足迹追踪的经验并表彰民警们在连续追踪中的顽强意志和奋斗精神。因此全文重点详细写出“从足迹入手、马上追踪”的破案方案制定和酷暑烈日之下，民警们步行十几里，终于找到“正向鞋迹”终点的事实经过，而对于发案、破案中的其他情节则写得十分简略。

这里，还想再提醒一下关于全面占有案件第一手材料和精心剪裁的辩证关系问题。简单来说，详细占有正是为了有效地剪裁。俗话说，在数量的基础上求质量。只有详细占有材料，才能深入地开掘主题，而只有精心剪裁才能更有效地表现主题。

二、恰当确定角度，合理安排结构

先来说角度。笼统而言，角度是指作者写作的着眼点与侧重点。具体到侦破通讯特写就是文章叙述人称和叙述主体的确定。大家知道，侦破通讯特写一般都是第三人称的记叙文章。即全文以“他”或“他们”的口气写下去。而这“他”或“他们”到底指谁？就是叙述主体的确定问题了。就一个侦破案件来说，这个“他”或“他们”包括好几方人士：侦破人员、犯罪分子、治安积极分子、旁证人、事主或其他有关人员，等等。究竟确定哪方为叙述主体那就要根据破案症结、主题需要、可读性及悬念效应、行文的简洁方便等几个因素了。例如，《揭开黑三角的秘密——撬窃保险柜大盗落网记》（原载《法律与生活》1987年第2期，以下简称《揭》），全文旨在通过难度较大的“5·14”特大案件及一系列撬窃保险柜案件的破获，表彰赤胆忠心的人民公安战士与邪恶搏斗中的坚韧顽强、大智大勇，同时又考虑到读者方面的悬念效应，故全文始终以柳州市局领导及刑侦大队的同志为叙述主体。开头是这样的：

> 1983年5月14日柳州市发生的保险柜被盗案，经过三年多的连续奋战，终于破案，四名犯罪分子全部落网。

再如《追捕·发生在子夜》(原载《首都公安报》1988年7月1日3版)一文，在第三人称的总体框架之下，采用了变换角度的方法，即分别以犯罪分子和巡逻队员为叙述主体，效果不错。除节省了些笔墨外，更增加了文章的真实感、现场感。有时，因为变换了角度致使全文人称也相应出现变化。例如，《扒窃“高手”落网记》（见《法网难逃》一书）一文，由于叙述主体分别是作者和有关侦破人员，故而全文出现了第一人称和第三人称的交替。使文章显得真切自然而又活泼有致。

再来说结构。结构是文章机体的一个要素，对于文章的表达效果很有干系。侦破通讯特写的结构设计的美学原则是既要注意内在逻辑的严谨合理，又要争取外在形式的活泼多姿。而尽量避免所谓八股模式（诸如：一电话报案—赶赴现场—勘查走访—初侦不利—意见分歧—喜获线索—症结找到——网打尽之类)。另外，在考虑一篇的结构方案时，还需结合主题的确定、角度的选择，做出综合运筹。常见的结构方式有顺叙式、倒叙式（即倒金字塔式)、插叙式、导语式、分叙式（或曰平行蒙太奇式）等。这里不再一一列举。在层次分割上一般常用小标题或数列标记的方式。下面再强调一下关于开头与结尾的技巧问题。

大家知道，接受美学很讲究首次效应。因此文章历来十分重视开头，新闻稿件自然更是如此。苏联著名记者波列伏依曾说：“开始部分在许多方面决定着读者的态度，决定着他最终是否读完一篇特写。因此特写的效能要看开始部分怎样。”(《论特写》)那么侦破通讯特写怎样赢得一个出手不凡、引人入胜的开头呢?最常见的是悬念起笔法（关于悬念后文还有说明)。例如，前边所提到的《罪》一篇，它不从案件的发生或破获写起，而是从中间切入，即从两案犯作案后携赃赶往火车站企图潜逃写起，于是悬念自然产生了。请看原文第一段：

> 6月20日凌晨2时25分，由兰州开往呼和浩特的“402”次列车徐徐驶进石嘴山火车站。检票口，一个民警模样的人，肩掮两只提包，手里提着一只大包，神色慌张地没有检票就径直奔向列车。紧跟着他的是一个穿夹克衫的人，他正想通过检票口，但被检票员查出没有车票。这些引起执勤民警白树英和王成录的警惕，他们迅速登上列车，把那位“民警”带进了值勤室。

再如《火案侦破记》（原载《工人日报》1989年3月25日3版）的开头。原文是：“1988年12月16日下午，一辆吉普车风驰电掣般地向着北京东城公安分局拘留所驶去。车内除坐着刑警队的几名侦查员外，还有一个被吓得面如土色的男青年。随着车子的颠簸，他的眼前不禁又跳出了一幕幕自己疯狂表演的情景。”——那么这个“吓得面如土色的男青年是谁？他自己的一幕幕疯狂表演”又是什么？又为什么？他是怎么被拿获的……一系列悬念便在读者心中油然而生，并促使其迫不及待地“扫视”全文。

与开头相对应，文章结尾也很重要，因为好的结尾能收到画龙点睛、耐人寻味的表达效果。那么侦破通讯特写该怎样结尾呢？其实也没有什么定规可循，而要创造性地因篇而宜。至此，姑且结合两个实例略加说明一下。先看《火光中的罪恶》（原载《人民公安报》1988年2月12日4版）的结尾：

> 经过30个小时的紧张战斗，这起妄图以纵火掩盖强奸、杀人罪行的特大案件终于真相大白了。罪犯曲忠林被判处死刑，受到了法律的严厉制裁。然而，“苍蝇

> 不叮无缝的蛋”，那些作风轻佻、行为放荡者，是否应该从刘淑芝“引火烧身”惨案中吸取教训，迅速猛醒呢？

这一结尾的成功之处在于：在一般地交代案件结果的基础上，又来一个宕笔：用被害者刘淑芝“引火烧身”的惨痛事实严肃而善意地提醒社会上那些作风轻佻、行为放荡者，这就顺手牵羊地扩大了该文的主题内涵，加强了该文的宣传教育力度。再如《联合的力量——江、浙、沪军警侦破两起特大刑事案纪实》（原载《法制日报》1987年10月14日2版）的结尾：

> 一个危害人民的毒瘤割掉了，江、浙、沪三地参与破案的军、警人员脸上露出了欣慰的微笑。是他们的携手合作，才挖出了这个罪大恶极的犯罪团伙。

很显然，这个不长的结尾包含两层意思：一是写出破案后三地军警人员的愉快欣慰，借以表现他们高尚的精神世界；二是侧面强调了合作破案的威力。总之，既表现了主题、教育了读者又照应了标题。正可以说是言简意赅，一石三鸟啊！

三、语言表达上的匠心经营

高尔基曾说“语言是一切事实和思想的外衣”（《和青年作家谈话》），因此对于各种文体的写作来说，语言表达是至关重要的。作为面向广大读者群的新闻通讯来说尤其如此。这里着重讲三点意见。

（一）注意多种表达方式的综合使用

表达方式，是指基于不同的表达目的，在句子和语段范围里不同的行文方式。通常有记叙、说明、议论、描写、对话和夹叙夹议等。对于侦破通讯特写来说，真实的记叙和具体的说明是表达上的基本功。但为了更有效地表现主题，加强文章的可读性和感染力还必须在记叙与说明的同时恰当地辅之以描写（当然是以白描为主）、对话和夹叙夹议等。请看后三个辅助性表达方式的例子。

其一，描写。

> 宣武分局的巡逻车“嘎”地在“皇冠”车跟前刹住。张树其、李铁锋和姜振明迅速跳下巡逻车，扑向停在路边的“皇冠”。李铁锋拉住左前门，张树其拽开后门。就在三人几乎刚蹬上一只脚的时候，歹徒突然启动了马达，车身一颤，猛地向前蹿动起来，三位民警的腿重重地磕在车底盘边上。此时此刻他们三人谁也没有感到疼痛，谁也没考虑歹徒加足油门疾驶行车时被甩下来的危险，而是紧紧拽着车门扶手，一条腿在车上，另一条腿在车下被车拖行着。三个民警只有一个共同的信念，绝不让犯罪分子从手中逃掉。
>
> ……
>
> 情急中，李铁锋往前一蹿，死死抱住方向盘，用力往旁边扭转。歹徒一边用劲往下狠扒李铁锋的手，一边使出吃奶的劲儿，想把方向盘打正。结果，这场力的较量，终于以歹徒的失败而告终。方向盘被李铁锋扭倒过来，“皇冠”车拖着三个民警呈弧线形移动了几十米，最后撞在了马路中心隔离栏杆上，车又一次停住了……
>
> （摘自《追捕发生在子夜》）

其二，对话。

出发前，彭瑞广同志一再叮咛参战民警："今天是1986年的最后一天，我们一定要在今天破获此案，让群众过个安全年。"

（摘自《歹徒在1986年最后一天落网》）

有时罪犯的话也可直接引录，它可以起到揭示犯罪心理并警醒同类的作用。当然要慎重选择，必要时还应缀上几句点评。请看以下两例。

经过打击，我觉得现实不像我过去想的那么好，不像书上写的那么好。我付出的真诚太多，因而受骗上当也多。于是我产生了报复心理，以致走向犯罪，成为危害社会的人。

一旦有了机会，就要抓住不放，一切为了自己，不管采用何种手段。

（摘自《京西银行大劫案》）

我觉得我们关系不错，他把抢银行这么重要的案件都跟我说了，说明他信任我，我怎么可以揭发他呢？（这句所缀的点评是："好一个哥们义气！这一念之差，宋志颖把自己推进了罪恶的沼泽地。"）

（摘自《京西银行大劫案》）

其三，夹叙夹议。

当我们在看守所里，看到张晶时，她仍那么胖，仍扎着马尾巴辫子。从外表上看她完全还是个孩子，在一些家庭里，兴许还是在父母膝头撒娇的宝贝。只有从那双深沉阴郁的眼睛里才可以看出她的超乎年龄的阅历和思索，才可以意味出她过早地尝受了人生的甜酸苦辣，看她拖着脚镣，那“当啷”“当啷”的声音，撞得我们心生疼，一个原本优秀的小女孩，却用自己的双手给自己挖了一个罪恶的坑，埋葬了自己本该发光的一生。

（摘自《京西银行大劫案》）

总之，侦破通讯特写要融记叙、说明、描写、议论、对话、夹叙夹议为一炉，使之各尽其能、各用其所。

（二）简洁明快、通俗生动并富于褒贬色彩的语言修辞

简洁明快是通讯特写在语言上的一个基本要求和共同特点。篇幅的有限和读者时间的有限都容不得文字上的冗赘啰唆。那么怎样才能做到简洁明快呢？笔者认为主要有三条：一是词要准、句要短；二是善于运用概叙方式，力求三言两语把事情讲清楚；三是在重点处使用精当洗练的白描。这里简单举两例。先看一个概叙的例子：

市公安局决定成立专案组，并案侦查。与此同时，全市各派出所，毗邻县市公安局接到专案组发出的案情通报，各种职能“机器”迅速启动，新提、茅江两个派出所，局刑警队全力以赴，设哨扎卡，昼夜巡逻。

（摘自《跟踪追击》）

寥寥数语，把并案侦查部署交代得既精练又全面。给人以一目了然之感。

再看《京》一文关于作案现场的白描文字：

这时有人敲响了营业室的边门，靠近门边的吴杰转身问了声："谁?"

"我!"一个女人的声音答道。

他以为是自己的女朋友，打开了门。可就在这一瞬间，一件可怕的意想不到的事情发生了：

门外一下涌进两男一女，手上各执一把明晃晃的不锈钢西瓜刀，其中一人还持一把发令枪，容不得营业员喘口气，即刻逼近他们，沉声威胁道："别动！都给我蹲下！把钱交出来!"

两名男歹徒，一个戴着黑面罩，一个戴着墨镜，一前一后威逼着4名营业员的心。女歹徒则蹿到插着钥匙的保险柜前，一手持刀一手扯着一女营业员的头发逼迫她打开了柜门。女歹徒从柜里拿出来两个鼓鼓的绿色装款布袋，与同伙一起将钱装入事先准备好的黑色尼龙袋里。然后，三人边退边嚷："不许喊！喊就捅死你们!"

这段白描写得具体生动，是颇见功力的。

侦破通讯特写是给广大群众看的，而不是专门写给领导和行家们看的，因此行文自当通俗生动一些。应多用大众口语，专门术语和政治套话尽量少用。例如，《真假侦查员》（原载《北京晚报》）一文的用语。请看其中一段：

田老汉不禁产生了疑问，心想，可能吗？那是被打伤的？要真是在拘留所内伤的，公安局不能不管，还让家里人掏钱看伤，哪有这个理？再说现在药费、治疗费这么贵，他要20块钱够干吗的？田老汉心里虽这样想，面上没露声色，只平和地说："我手头的钱，刚才上货了，您能不能先给垫上，到时我一块儿给您。"

行文至此，再顺便说明一点，即在用语朴素生动的同时，还要注意"文弦"的松紧得当，避免绷得太紧，争取给读者一个时急时缓、有张有弛之感。大家知道，侦破通讯的内容一般是比较紧张的，正因为如此，所以才更讲究这一点。请看《歹徒在1986年最后一天落网》（原载《人民公安报》1987年1月10日2版）一文中的先弛后张的两段文字：

他心中好不得意，公干之余，能登临千佛山"遥看齐州烟九点"，不能不说是件幸事。一早，他就上山了，透过纷纷扬扬的雪花，他饱览着雪中济南的景色。

……

"拿钱来！"声音是恶狠狠的，随之，李山岱感到脖子上凉飕飕的，那是一把刀。同时，他眼前那三张扭曲的娃娃脸变成一个黑洞洞的枪口，那是一支射击运动员的专用小口径手枪。

至于行文的褒贬色彩问题，侦破通讯特写既非文学作品又非学术论文，因此不能直接抒情也不宜滥发议论。那么爱憎分明、惩恶扬善的色彩又该怎样渲染呢？一个比较好的办法就是借鉴我国古代的春秋笔法。所谓春秋笔法，原指以孔子所修订的《春秋》为代表的我国古代史书的笔法。这种笔法的根本特点是于简洁自然的叙描中将作者的褒贬融在其中。故而人们常说这种笔法是寓大义于微言中。笔者认为，我们写侦破通讯特写正好借用这种笔法。当然，这就要求作者有较高的驾驭语言的能力。这里，且举两例以示一斑。

先看《足迹追踪》一文中对山东平原县公安局石万和局长部署工作的一段概叙文字：

> 车轮嗖嗖。石局长命令司机加快速度。他不能不急。一来，这是一起抢劫财物的大案；二来，案件发生在首都刚刚平息暴乱的紧急时刻；三来，正值农村全力抢收小麦之时。因此迅速捉拿凶犯，维护安定团结局面，迫在眉睫！
>
> 车子在疾驰中，石万和便做好了周密布置：第一组，彻底勘查中心现场；第二组，搞清现场外围，秘密追踪；第三组，火速于现场周围调查访问，摸排嫌疑。他特别嘱咐第四组，要充分利用犯罪分子雨后作案的特征，注意发现、确定和提取犯罪分子的足迹，迅速破案！

不难看出，这两段文字颇有春秋笔法的味道。寥寥几句便把石局长忠于职守、全局在胸、精明干练、雷厉风行的“老公安”的本色以及作者对他的一片钦佩之情写得真切自然、生动感人。

再如该作对不畏酷暑、不顾疲劳追踪足迹的民警们的一笔白描也大有貌浅衷深、意在言外之妙。原文是：

> 追！口干舌燥、汗流如注的民警们，连喝一口河水的时间都没有，便循着赤脚足迹，深一脚、浅一脚地向东南方向疾速追索搜查。眨眼间，又追出两三华里。岂料，追搜到一个小水洼时，线索又断！为缩短时间，尽

快“接线”，杨、李令大家涉入水洼，以水洼为圆心，向外辐射寻找。这个办法很灵，不到三四分钟，便又觅到赤足印迹。

（三）悬念、藏笔等文学手法的借用

在保持文体规范与定式的前提下，为加强可读性和阅读效果，进而赢得“平中见奇、寓庄于谐”的美学效果，在撰写侦破通讯特写时，还可以借用一些文学表现手法，诸如对比、衬托、侧写、暗示、双关等，由于篇幅所限，这里仅就悬念与藏笔两法简单说明一下。

悬念是一个很常见的文学手法。即作者为吸引读者进而激发其关切心理而在展开故事情节或发展事件冲突中有意设置疑问和悬案的一种方法。侦破通讯特写并非文学，但最宜移植这一文学手法。因为侦破案件的过程本身就是一个个悬案或疑问不断获释的过程。当然在借用时要注意服从案件事实原貌而不得胡编滥造、故弄玄虚。同时还需设身处地揣摩读者的追索心理，以确实起到调动起阅读兴趣的作用。这里请看《幕后鬼影》（原载《人民公安报》1989 年 10 月 6 日 2 版）一文，标题两字已带有悬念味道了。全文就寻拿深圳西丽湖发生的一起持刀入室抢劫案的幕后元凶为总线索，设置了片片疑云颇得悬念之妙！直录几段原文，请大家自己体味：

到了下午 5 时，他打来电话，又说因其忘带身份证，银行不让取钱。她急了，催他抓紧时间办妥此事。岂料，当晚便发生了抢劫案。

……

经调查，赖建光确未参与此宗抢劫案。可是，他在案前案后的一系列举动，却给人们带来了一连串问号。

……

然而，民警前往赖建光在宝安县西乡的表弟处，和他以前的工作单位T服务公司，都没发现他的踪迹。服务公司经理反映，大约在7月1日，有两个年轻男子曾来服务公司找他。

……

她（指赖的女友潘某）无意中还提供了这么一个情况——赖建光的弟弟带一同乡来了深圳，她在新国宾馆见过他们。

藏笔，就是小说或散文里常用的藏头露尾的写法。具体言之就是行文当中故意留下一些蛛丝马迹、草灰蛇线之处暗示读者，促使读者自己通过联想、想象把一些难以直言或不宜直言的东西领悟到。侦破通讯特写的藏笔就是在对案情要素（即时间、地点、动机、目的、手段、情节、结果）的明确交代和重点情节详写的基础上，对个别细节的隐含之笔。归纳起来，藏笔的运用多在如下两处：一是犯罪背景以及情节中一些次要部分；二是有关国家机密（政治、经济、军事、外交等各方面）以及个人隐私（特别是有关被害人的）。前者如《京》一文中对女犯张晶堕落过程的藏笔。请看原文有关文字：

那年她刚满16岁。夏天的一个夜晚，她从外地游玩回家的途中被一个不认识的男青年强奸了。也许由于她过于坚强的个性，她把这耻辱深深地埋在心底，却从此精神恍惚，不愿上学，开始了逃学、说谎、从家里偷东西的坏行为，萌发了恨男人、恨自己、报复人的强烈欲望……

再如《火光中的罪恶》（原载《人民公安报》1988年2月12日4版）一文中一个破案细节的藏笔。具体情形是：罪犯曲忠林的岳父向辽源市公安局报案后，市局刑警大队正副队长立即赶赴富强村去拿获“曲”。事先两人定了个“查电唠嗑”之计，为的是麻痹“曲”犯。其中定计细节行文时便藏了起来。请看原文有关文字：

7月3日上午9点钟，在富强村的公路上，有一高一矮两个人边走边唠嗑。高个子身材魁梧，他声音较高地对小个子说：“你们村怎么乱扯电线呢？找你们的电工来！”听说话像是查电的。

在距他们前方20米处有一个破烂不堪的小房子，门前站着一个膀大腰粗的黑脸大汉，光着上身，袒露胸毛。他见有生人来了，急忙钻进自家屋里。

“这房子扯电线没有？”一高一矮两个人来到小房前，高个子大声问。

黑脸大汉听见说话便从屋内钻出来。

“房主叫什么名？”高个子问。

“曲忠林。”黑脸大汉回答。

“你家安电灯没有？”

“想安个灯，还没有安呢！”

“可以安，先到村上登个记！”

话音刚落，高个子那双像钳子一样的大手，把对方的一只胳膊紧紧抓住，黑脸大汉后面又上来一个人，把他的另一只胳膊抓住了。“咔嚓”一声，一副锃亮的手铐戴在他的手腕上。

……

他哪里知道，前面的那个高个子是市公安局刑警大队队长刘长学，后面的矮个子是副大队长刘雄鹰。

关于侦破通讯特写的写作，除以上三个问题外，最后再啰唆几句。一是歌颂与暴露要注意分寸火候，使其收到预期的积极效果；二是注意时效性，采、写、发都要力求快一点，使之尽量体现新闻稿件新、实、快的固有特点。为防止篇幅过长，对于反响较大的要案、大案可采用系列报道的形式。

多年的工作实践证明，加强精神文明建设、搞好社会治安，归根结底要靠两个工具，即专政工具和宣传工具。也就是过去我们常说的武工队和文工队。笔者认为，眼下一个当务之急是在有效地发挥专政的职能和威力的同时，还要充分发挥公安宣传工具（包括公安新闻与公安文学等）的作用。为此，两个带有根本性、战略性的工作是加强队伍建设（队伍即指从事公安新闻与公安文学写作的笔杆子）和提高产品质量（产品即指公安新闻稿件和公安文学作品等）。基于这个想法，本文仅就公安新闻体裁之一的侦破通讯特写的特征及写法，谈谈自己的粗浅意见，以期起到抛砖引玉、促进攻研的作用。

（原载《啄木鸟》1990 年第 4 期）

公安题材报告文学创作谈

当今在我国，伴随商品经济而来并进而堪称走红的纪实文学作品正以迷人的新美风采博得了各界社会读者的广泛青睐，而作为纪实作品前身和“元老”的报告文学，却似乎一时陷入了某种程度的尴尬与困顿。至于说到公安题材的报告文学作品，近来也确实有一种“徐娘半老”之感，即在反映什么和怎样反映两个创作基本问题上还少见明显的“上档”性的突破与提高。面对这种困境与遗憾，笔者认为，良策之一是在深化作品的思想底蕴的同时，匠心经营艺术形式，使之不断优化与更新。因为，一方面，从根本上说，马克思主义的文艺批评历来强调，成功的力作应是认识价值、教育意义和审美价值的和谐统一。缺乏艺术审美品位的艺术品，即使有着深刻而巨大的思想性，也难以在社会读者那里赢得广泛而长久的认同与共鸣。另一方面，从当今的中国文化市场来看，人们对精神产品消费的档次也同样是越来越高。这“高”其中不容忽视的一个成分就是对各类作品“艺术美”的渴求。只有在思想内容健康的前提下，艺术上“站得住脚”的，才能使那些工作繁忙、脚步匆匆的大众读者萌生一点

"欣赏"之兴并忙里偷闲地捧卷浏览一番。

本文即从如何提高公安报告文学的思想力度和文学质感上谈两点意见，仅供实践者与评论家们参考。

一、关于人物与结构

（一）一定要争取写好两类不同人物

1. 首先要艺术地处理好写案与写人的关系

既要避免厚案薄人、以案代人，又要防止单纯地、孤立地弃案写人，而是要借案写人、由案及人、案为人役、立人为纲、陈案为目。

案件题材是公安题材的"大宗"，而且可以说是公安文学作品在题材上一个得天独厚的优势。因为借助案件题材既可以歌颂卫士还能顺藤摸瓜地剖析犯罪以及挖掘社会病灶。"案"既是社会的窗口，又是展现人物的平台，还是作者参与思考与评价的"中介"。这一点早已为大家在理论上所共识，问题是在创作实践中作者往往被复杂纷繁、险象环生、玄机四伏的案件事实所陶醉，以至自觉不自觉地忘掉和偏离了创作的动意与初衷，于是字里行间只见刀光剑影、扑朔迷离、风餐露宿、血肉横飞，等等，而不见了人的细节行为、起伏心态、闪光灵魂和灰暗的小肚鸡肠之类。当然也有个人写作功力问题。叙案倒还得心应手，待到写人便觉力不从心了。究竟该怎样克服这些疏漏与不足，一时也很难给大家提供什么万全之策，归根结底还要靠各位作者在自己长期的艰苦的艺术创作实践中积极探索、不断积累，以找到自己的"感觉"。这里只做一点原则提示。即在写民警卫士们紧张的战斗生涯的同时，必须还要进一步自然而深切地写出他们生活传奇中为常人所难以知晓和理解的悲与喜、失与得；写出他们内心情感世界的交响变奏。只有这样，英模才会既高大又丰满，既可敬又可信，也才能给读者以真实的立体的“质感”。于是，我们想到了高红十同志写的《老师·医生·警察》一篇，作品主人公是北京市收容教育所女民警，作者用深沉而真切的笔触既写了她们的苦，又写了她们的乐；既写了她们的奉献意识，也毫不讳言地写出了她们心理上受到的刺激和折磨，甚至矛盾和冲突。再如《手眼神通》《弱者，不是女人的名字》《缉毒英魂》等都为我们提供了宝贵的借鉴。

2. 要敢于和善于写罪犯

关于写罪犯，长期以来似乎有着一些不同看法与说法。其中有一种观点认为：“写罪犯就是暴露负面，就是散毒，就会毒害青少年……”笔者个人以为，这种看法不免有失偏颇。因为问题的症结和要害并不在于“罪犯”题材本身，而在于作者为什么要写、怎样写以及产生了什么样的社会效益。因为从接受美学理论来说，审美固然是首要的、必要的和有益的，但审丑也不是不必要的和绝对有害的。只要作者的用心和视点对头，读者又有一定的必要的鉴别能力，那么通过审丑最终还是可以达到更爱美、更识美、更趋美的积极效果的。比如，今日的罪犯本是昨日的人，而经过恰当的、道德的、法制的、情感的“疗救”，明天或后天又可能还原为人……如果作者有着深邃的眼力和犀利的笔力，把这个“人—罪犯—人”的双重转化过程真实而形象地再现于读者面前的话，那么它就会像一部动人心弦的交响乐那样，打动社会各界读者的心。其中特别是公安法制工作者、教育工作者以及广大青少年及他们的家长都会从中得到某种启示、反思、教育以至鞭策！

当然，正如前面所讲，这里确实有一个作者的用意与写法的问题。用意不明确甚至别有用心，效果自然不会好；用心好但写得不好，也是画虎不成反类狗。故这里且做两点提醒：

一是不必过细描写与渲染，而重在透视其犯罪心理病变并进而观照出由历史积淀和现实冲浪交汇而产生的社会病灶等。

二是把审丑和审美结合起来，即在鞭策犯罪、透视丑恶灵魂的同时，着力于卫士英模的奉献精神和光荣业绩，让大众读者于强烈的反差中自觉领悟一些人生的真谛。以往不少成功之作已于此为我们提供了宝贵的经验。诸如《追寻两行罪恶足迹的跳跃长镜头》《爆炸》《死神对她三下“请柬”》等。

（二）结构上要蹚出新路子

结构，是作品形式美的重要成分，并且有着明显的反作用，即结构布局稍有不同，在读者那里接受的效果就可能大有区别。据此，历来作家们都颇费心机地安排结构。俄国作家冈察洛夫曾说：“单是一个结构，即大厦的构造，就足以耗尽作者的全部智力活动。”（《迟做总比不做好》）著名美学家朱光潜先生也说：“在作文运思时，最重要而且最艰苦的工作不在收集材料，而在有了材料之后，将它们加以选择和安排。这就等于说，给它们一个完整有生命的形式。”（《选择与安排》）目前，据笔者所看，公安报告文学的结构总跳不出一些“框框”和“模式”。近几年，平铺直叙的“线式”格局倒是少见了，然而又形成了“快慢四步”式的新框子，即案发与悬念；罪犯行径及心理曝光；老少警官们曲折艰辛的侦查行为扫描以及苦乐心理的变奏；本案留给读者的思考、联想与启醒。如此这般，见得多了，读者便难以投入和兴奋，以致破坏了“接受效应”。为克服这一弊端，笔者认为作者们在不断深化和新化内容的前提下，在其结构布局上也要不断蹚出新路子。在服从主题需要、兼顾题材自身逻辑联系的前提下，原则上完全可以移植和借鉴当代诸艺种的结构方式与风格，比如影视的蒙太奇、迪斯科的快节奏、立交桥的交叉感、通俗歌曲的随意性等，以使其灵活多样、异彩纷呈。这里且举荐三种结构方式。

1. 蒙太奇式结构

借用电影镜头组接的蒙太奇结构手段，对丰富生动但又特多枝蔓的原始素材做一些适当的砍截与切剖，然后依照创作主旨在总体构思上把重点东西运用“长镜头”和“景深镜头”的形式串联起来。实践证明这样的好处是：一是节约笔墨，缩减篇幅；二是调动读者的逻辑联想，强化阅读效果。请大家仔细阅读一下《弱者，不是女人的名字》（群众出版社出版的《首届全国金盾文学奖优秀报告文学获奖作品集》）和《大潮中的沉浮》（原载《啄木鸟》1991年第4期）。

2. 变换视角的伞状结构

全文以一个中心人或事为中轴，不时转换视角和叙述主体。作品总体是第三人称，但其中的“他或他们”时而为警，时而为犯，时而为民或其他什么人……轮番出现于不同节段里，这种结构法的好处是增添现场感和直观性，并省去一些交代文字，请看《啊，红灯》（见中国人民公安大学出版社出版的《地狱与天堂之间》）和《交通民警的苦辣酸甜》（群众出版社出版的《首届全国金盾文学奖优秀报告文学获奖作品集》）两作。

3. 布列展览式结构

依照原题材特点，作者在充分占有丰富的现成文字材料的基础上，再予以认真筛选，最后把精华部分直接引进作品。要注意的是引进时不是“原样端”，而是用作者自己的“叙议”文字把它们有机地缀连起来。例如，《法制在沉思——轰动全国的周志远绑架劫持案透视》即采用了这种结构方法。这种结构布局的好处是：一是对于热门话题的创作报道避免了重复与雷同；二是更能满足作者与读者的参与意识，为作者的评论和读者的思考提供了方便；三是目感上显得新颖活泼。

以上三种方式，有时一文一式，有时一文中兼而有之，其斟酌全在怎样有利于内容的布局和主题的表现。

二、关于语言与技法

（一）强化语言意识，匠心经营作品的语言美

大家知道，作为写作的载体与工具，语言（这里指书面语）对于写作，具体说来至少有这样三个作用：一是在写作构思和创作内孕阶段需要语言，这是因为思维离不开语言的缘故（恕不展开阐述）；二是文章和作品的制作生成阶段，作者只能靠书面语言系统而有机地排列组合，才能成就物化的文本。高尔基所说“语言是一切事实和思维的外衣”就是这个意思；三是读者（不论是大众读者还是文化读者）也只有借助文本的“字谱”，才能逐步认知和领会作品的内容，即人物、事件、哲理、情致、意境等，进而才能在各自不同的水平与视角上去思考与联想、吸收与反馈。这又正如我国古代文学家、文学理论家刘勰所说的“披文以入情”了。此外，就文学作品来说，鉴于它是语言艺术，语言美感正是它审美品格的重要内涵之一，因此它的语言表达工程肩负着双重使命：即除了服务内容的表述外，还应给予读者以语言美感上的享受。

本着上述的原理，审视近年来公安报告文学，我们认为于语言美上还嫌不足、还不够味，总体看来还有粗糙、陈俗、冗赘，甚至别扭、板滞、生硬之感。究其原因：一是一些作者艺术修养和语言造诣上还欠火候；二是不少兼职笔耕的“少壮派”工作忙、时间紧，自然难以做到字字斟酌、句句推敲了。为优化作品的语言水平，这里且提出三个审美指标，希望大家于此下力。

1. 简约美

文约意丰，以少胜多。这是我国文学传统上的一个优点。一

般来说，在表达同一“意蕴”的条件下，文字以简为美，篇幅以短为佳。目前公安题材报告文学总体来说篇幅都比较长，而用语总“拿着劲儿”，不注意口语化和同一语境中省略句与简化句的使用。比如，一篇作品中有这样一句“……她向他们交代了罪行；她把菜刀从包中取出，放到他们面前，她把家里屋内的钥匙掏出来交给他们，说她不知道人死了没有……”在不影响“达意”的前提下，笔者看完全可以简化如下：“她交代罪行后，把菜刀和屋门钥匙交了出来。随后又说，她不知道人死了没有。”结果一下子省了“20”个字，相当于原字数的一少半。假如依此做一个机械的毛估，那么该篇作品不是可以砍掉相当的篇幅吗？看来鲁迅当年所说的“竭力将可有可无的字、句、段删去，毫不可惜”，老舍先生所说的“狠心地删，不厌其烦地改”，这些创作警言于我们公安文学界的朋友们还有着现实指导意义。

2. 相宜美（或曰得体美）

广义而言，作品的相宜美是指一部分作品中其表现形式要与内容意蕴相契合、相统一。这里专指“表现形式”的元件之一——语言使用（包括作者的语汇和人物语言），要与作品的内容（具体又包括主题基调、情节氛围、感情色彩、时空限定等）相搭配，或庄或谐、或雅或俗、或刚或柔、或疏或密……皆应篇篇不同，各取所需。据此，即使是出于同一个作者之笔，其语言修辞也应因篇而异、因文而异。这里仅以“二张”（张卫华、张策）的几篇作品为例，具体说明一下。

《大潮下的沉浮》（后易名为《弄潮儿翻船记》）一文，取材于改革时代十几个厂长与经理从发迹到沉沦犯罪的新闻事实，为更好地表现他们的兴衰浮沉，从章法上作者借用了电影的蒙太奇和现代派小说的时空交错。相应地，作者于语言上也加强了弹性和韧性，时而细细地描、时而粗粗地叙、时而娓娓地议……更有不少的借喻引用与联想（诸如《浮士德》《天方夜谭》《伊索寓言》《史记·货殖列传》等有关的故事与警语）杂陈其上。正好构成了一个语言载体的宽银幕，从而胜任愉快地“拍摄”了十几部“弄潮儿”浮沉兴亡的连续剧。

再如《法制在沉思》，作者所“报告”的是1988年河北保定地区交通局长周志远绑架、劫持女收款员一案在全国引起的反响以及处理始末。鉴于当时关于该题材的稿件已发了不少。“二张”另辟蹊径地不再就事论事，而是“一览众山小”地把主题取向放到了“健全民主与法制、铲除特权与腐化”的大计上。据此，作者全文采用了自叙与引用相结合的表现机制，既节约篇幅又一新文面。与此相应，在语言上又是以犀利的议论、深刻的思辨和睿智的警策见长。全文充满一种尖锐、凝重而又不失热忱的语言气氛。

又如《京城迷雾》，从选材上看是一起婚外恋引起的碎尸案的侦破报告和总指挥老公安焦大力的人物特写的“二合一”。因此，该篇语言就特别注意了叙述语言与人物语言的照应与协调。“焦”为人质朴豁达而又不失原则性与幽默感。由此决定了这一篇语言上朴素明快的定式。请看两段原文：

（1）一段作者的叙述语言：

> 搂草打兔子，倒也兜出不少犯罪线索，给其中六个人办了刑事拘留手续，转分局有关部门进一步处理，两个送性病治疗中心。如果对一个公安派出所来说，这点战果可能是半年的工作量，是值得庆贺的成果，而对于目标明确的专案人员来说，则是马尾穿豆腐——提不起来了。

（2）一段人物语言：

> 您了解我，我这个人对当官没瘾，也不适应，现在这个副处级挺好，工资一分钱不少，案子来了在一线指挥，案子破了喝茶看报，落个清闲自在，还是别让我上架。

行文至此，顺便提及一点，即就作家语言和作品人物语言，时下似乎有一种以“调侃”为美之怪风，即不论小品还是小说甚至于影视，就其中人物不管是学子还是痞子，不管是君子还是小人，开口则一律调侃之腔。对此，希望公安界的笔杆子们能有一点“反潮流”的精神，还是坚持从生活真实出发、从作品的总体构思出发，给各类不同人物派上得体相宜的语言。

3. 综合美（或曰丰富美）

报告文学本是散文的一个别体，语言上自当有一点散文化的丰富美、变化美。为赢得这种散文化的综合美，我们认为，可以先从遣词造句的多样化和表达方式的综合使用两个方面入手。

（1）关于遣词造句的多样化。具体来说，一是要在词性和词义上多选细挑，特别是要在动词、形容词、副词上下功夫。词义上则要在大小、广窄、轻重、相交、相关、相反和雅俗上拿准、用好。特别是近义、反义更需仔细掂量一番。二是在造句上，提倡各种句式的相间轮用。比如，语义上的陈述、祈使、疑问、感叹、肯定、否定、主动、被动、文雅、通俗等，语法结构上的长短、单复、整散、省略、简化、常式、变式等，以及修辞手法上的摹状句、比喻句、拟人句、借代句、排比句、对偶句、反问句、呼告句、反语句、重复句、层递句等。请看《弱者，不是女人的名字》第一部分中的两个语段：

轰动一时的汕头“六·二六”案件已经渐渐被人们所遗忘了，然而，当参与这个案件侦破工作的公安人员谈起往事的时候，常常提及陈仲芝对侦破这个案件所做的贡献。

像这样对重大案件的侦破的一个个生动的事例，就像一个个情节曲折离奇的侦破故事。

其中有被动句、转折复句和比喻句的恰当使用。

优异的成绩，长久的考验，把陈仲芝推上了广州法医学会副理事长的位置，了解她的人，对她赞不绝口，有的人更把她描绘得神乎其神。

那么，陈仲芝是怎样走上了法医这个特殊的岗位？她又是怎样“神”起来的呢？

第一段中的前句是个“把字句”，其中主语部分又是两个偏正词组的并列对称，前后句之间又构成了“层递”关系。第二段那两个设问句的连用恰当地起到了承上启下的作用。

(2) 关于表达方式的综合使用。表达方式，指的是记叙、说明、议论、描写、抒情、对话和夹叙夹议等句段范围里的语言体裁。无论是文章还是作品，一般都讲究表达方式的主次配合和综合使用。对于公安题材报告文学来说，由于以叙案写人、借案写人为主要内容，因此其自然以记叙、描写为主要的表达方式。但为满足作者与读者的参与意识，为强化作品的思想力度和社会效应，它当然还需要比其他新闻稿件更多一点的议论与抒情之类。一个作者如能于此驾轻就熟、游刃有余，那么作品表达上的丰富美与行文上的流动美便可油然而生了。请看《老师·医生·警察》最后一节（早操）的原文：

> 为了带着学员出操，值班老师6点就得起来，清新的空气，鲜红的太阳，宣布新的一天开始。
>
> 每天早操前都要点名。
>
> 望着一群群年轻、气色很好的面孔，老师心里萌生着希望，希望点名答到的人一天天减少，希望从这个门出去的人能过上幸福生活。虽然收容教育是改革开放后新建立的机构，但她们不希望这个机构同其他机构一样兴旺发达，而希望它清淡、清闲，直至消失。为了这个希望，她们付出了很多、太多，她们也得到回报。该所党支部被评为北京市级优秀党支部，荣立集体三等功。
>
> 中国古代有“女娲补天”的神话，传说女娲炼五色石补坍漏的天空，又用草绳抟黄泥造人，当我采访北京市收容教育所的女民警时，便想到这则神话——补天和造人。

四段文字正好是记叙、白描、抒情兼议论的四种表达方式的综合交叉，就此自然而富于情感地结束了这篇人物报告文学。

毛泽东同志早就说过：“语言这东西，不是随便可以学好的，非下苦功不可。”（《反对党八股》）这里，再次呼吁辛勤耕耘于公安文坛的中青年作家们，希望你们能在身入和心入生活，认真进行创作构思的同时，还要在运用语言的技术上花点功夫，并在伏案走笔时在文字上匠心经营一番，以期为作品注入更多的语言美感。

（二）借鉴传统章法，增加作品的表现力

我国古代文章或作品，十分讲究贯穿全篇的所谓“开合首尾经纬错综之法”（明·唐顺之语），一般称之为“章法”或“文术”，相当于现代写作学中所说的技法或技巧。本着“依体施法”之则，于此向大家推荐几种古代叙事文学的章法技巧。窃以为它们都可以为今天的公安题材报告文学所借用。

1. 比衬法

比是对比（其中又分纵比、横比），衬是映衬或曰衬托（其中又分对衬和反衬）。比衬原系两法，但因常常联系使用，故这里并作一法来说。比衬，历来是人们认识事物的一个科学方法，因之自然也成了艺术创作的手法之一。当代公安题材报告文学多以案件为载体，将几路人物（警、民、犯等）集于一篇之中而又有主次轻重之别，这种定式正好为使用比衬提供了契机，如此一旦自觉而恰当地使用比衬，其效果必佳。比如，《手眼神通》（理由作）一文，作者在写北京市公安局模范便衣警察高松龄的高尚品德和高超功夫时，便以“我”（作者）、妻子，甚至扒手等做比衬。再如《交通民警的苦辣酸甜》一文（闵闻作，以下简称《交》），为写民警们没家没“夜”地忘我工作，作者用“我爸爸是整托”的幽默趣话来做衬，效果都是很好的。另外，比衬中的反衬，表现力往往更大。还是《交》一篇便有几处反衬的妙笔：王英虎在气不过的情形下打了一个中学生，结果后来赔礼道歉不说，还弄了个记过处分；朱国兴听人骂“老虎皮”“白狗子”，真想比试比试，可想到纪律只得强忍下来，下班后只好再用酒消气；刘景明的爱人说他“人是好人，就是说话不算数……”这里，虽然写的是“受处分”“喝酒”“爱人嗔怪”，但当读者稍微想一想“所以然”时，便会对他们更多一层理解与敬爱！

2. 皮里阳秋（又叫皮里春秋）

近年来在参与意识的催促下，公安题材报告文学作品中议论和抒情的文字似乎多了些。这种倾向笔者认为不宜再强化，因为“形象显示”还应是文学的本质特征，故这里提醒有关作者们在伏案走笔时要恰当地把握好“形象显示”和“理性评论”之间的“度”。为此，皮里阳秋之法正好派上用场。皮里阳秋是传统的春秋笔法的发展和完善化，在古代的传记文学、笔记小说里被广泛地使用，效果极佳。这种方法的要义是：“不待论断，而叙事之中即见其质。”（清·顾炎武）这对于扬抑分明、有褒有贬的公安、法制题材报告文学来说似乎正好有用。因为艺术辩证法的道理告诉我们“直说不如暗示”。比如，前边提到的《老师·医生·警察》一文，全篇就以自然质朴的白描为主并从中真切感人地显示出她们（女民警们）的高尚情操和敬业精神，就此堪称是皮里阳秋了。请看写她们早晨赶路上班的两段文字：

起！不能不起了，为了上班不迟到，不少家住得远——其实是教育所太远——的女民警大冬天天黑黑的就得往起爬，胡乱吃点东西，拎上饭盒就走。不值夜班拎一盒，值夜班就得带上三顿饭。多沉？多沉也得带！教育所没有民警食堂。不带，饿着?!赶紧吧，家里人的早饭，顾不上了，孩子上托儿所，顾不上了，赶紧走才能不迟到。先是一截汽车，再倒地铁，环线地铁倒一线地铁，出了地铁，再倒327路或325路，这么一路倒下去，顺了，5点多出门，8点能到教育所，如果不顺，中间哪一环节出点问题，车早到了或晚来了，得，准保迟到。

副所长小崔有一回连着四个月，每月迟到一天，急得她直掉眼泪，掉眼泪也没用，只有更早起床。遇到这趟车刚走，那趟车还得半个小时才来的紧急关口，她也豁出去了。拦车！什么车都拦。拉猪的、拉菜的，拖拉机、马车，央告得人家点了头，不管车多脏、衣服多漂亮也往上上，只要没迟到，这心就踏实了。

3. 一石三鸟

一笔数用之意，这也是我国叙事文学传统章法之一。其要义是：借助富于特征性、本质性的细节、场面或人物言语、神情等的精当叙描，达到既推动情节发展、揭示人物性格心态，又点化主题意蕴等多重作用。笔者认为当代公安题材报告文学在讴歌英模卫士时满可以借鉴一石三鸟的传统章法，于细节描写上下点功夫。于此成功的例子已有不少，比如短篇人物报告《其实你懂你的心》（原载《金盾》1993 年第 5 期，苏文杰作），写北京十佳民警之一何长京的模范事迹，文章开篇就抓住他在香格里拉岗组时，在交警七种指挥动作基础上匠心经营出“放直行带左转弯、放左转弯带直行”的带动动作这件了不起的事，这一笔正起到了一石三鸟的作用：第一，作为线索，串起全篇。第二，抓住了重点材料，先声夺人地写出了“何”出色的工作和卓越的贡献。第三，以一当十、以事托人，令读者从中看到了英模何长京的精神成色：坚韧顽强富于创造性，以及作为这二者之源的滚烫的事业心！

要提醒各位的是，欲用好一石三鸟之法，要求作者首先必须在悉心观察与采访中动如脱兔地捕捉到细节，而后斟酌使用。

4. 犯中见避

“犯”者，即情节的重复；“避”者，即同中见异，避免雷同。犯中见避的基本意思是无论是在内容相近的诸篇作品之间，还是一篇作品内有情节相似之处，都要竭力立新意、用新词，以避免内容的重复和写法上的雷同。犯中见避是我国古代小说与戏曲的技巧之一，《三顾茅庐》《三打白骨精》等都是精彩的例子。由于当代公安题材报告文学取材上一定程度的限定性和相同性，因此从客观上来说似乎很容易生“犯”的。事实上以往不少公安题材报告文学确实在一定程度上存在着包括结构布局、情节设置、人物言行和作品氛围等方面的相似或雷同，以致大大削弱了作品的可读性和感染力。为克服这一痼疾，就要求作者们能“犯中见避、善避为能”（清·毛宗岗），在内视生活、谙熟素材的基础上，富于创造性地构思出那一篇篇神同形异、神形俱佳、骨健格高、文质并茂的“报告”来。这里且举一个属于同题材、同意蕴的两作中的“见避”之笔。《热血丹心卫士魂》（以下简称《热》《啄木鸟》1990 年第 4 期，傅勇军作）和《缉毒英魂》（以下简称《缉》《人民警察》1991 年第 12 期，万静华作），两篇题旨都是讴歌“卫士英魂”，但写法上各有千秋。《热》篇好似“《史记》”式的传记散文。全文以逐步揭示英雄的闪光灵魂为结构“坐标”，并通过丰盛而翔实的事迹材料表现出陈善珉战斗的一生，而文中几则出自英雄之口的掷地有声的标题句，更是画龙点睛般地强化了作品的思想底蕴并进而催化了读者的感受与共鸣；而《缉》文则又恰似一部雄浑而悲壮的英雄影视。作者从英魂陈建军短暂而富于传奇色彩的一生中筛选出几个精彩片段，以跳跃闪回等蒙太奇式结构布局，特写镜头般地映现于读者的面前。而开篇的“序”和结尾的“誓言”又似配乐诗般地把英雄传奇的社会意义（“他的精神属于整个社会，一个陈建军倒下了，更多的陈建军涌现出来”）书写到每一个大众读者和公安读者的心坎上。

再举一个一篇作品之内“三顾茅庐”式的“见避”之美。

《我们对着太阳说》（原载《啄木鸟》1990 年第 4 期，王希泉作），这是一篇写北京各个基层公安机关的普通青年民警生活和心态的长篇报告文学之作。其中十个毕业于北京市公安学校 22 期的年轻民警的共同之处是很多的，诸如相近的社会经历和生活处境、忘我的工作热情和不倦的进取精神等。面对如此“难题”，年轻的作者却能知难而进地通过深入采访、细心过滤和匠心经营，犯中见避地写出了他们各自的风采和风流。因篇幅所限，恕不详介了。

（原载《公安新闻采写论谭》中国人民公安大学出版社 1998 年版）

法制评论三题

新时期以来，公安法制新闻宣传有了令人瞩目的长足发展。公安法制报刊成了广大群众十分欣赏的文化消费品。许多新闻稿件和纪实作品的编发也确实起到了宣法慑犯，济世育民、健康舆论的作用。缺憾之一是公安法制报刊上高质量的评论文章还所见不多。鉴于此，笔者这里仅就评论的“特异”功能及撰写要领做粗浅概要的说明，以期公安法制新闻宣传园地的耕耘者更好地了解它，进而更有效地使用它。

一、评论的概念及文体品格

广义而言，评论是“新闻言论”之总称，包括社论、评论员文章、短评、专栏评论和编者按等，并与消息、通讯、特写等“新闻报道”稿件相生共存。狭义而言，评论又是新闻言论这一体，一般是指除长篇社论和特约评论员文章以外的形式活泼多样、篇幅不长的新闻言论稿件。主要种别有专题评论、短评、小言论和编者按等。其比较科学的正面诠释应该是：针对某一社会普遍关注的具有强度新闻价值的事实、倾向和问题，所发表的分析与评述文字。从内容上说有时事评论、思想评论、经济评论、文化评论（文艺评论除外）、公安法制评论等。

作为一种新闻言论，它与新闻报道相比有以下几个特点：

第一，鲜明的倾向性和评述性。新闻稿件（不论是报道性还是言论性）应该是旗帜鲜明的，但比较而言，报道类稿件更强调“让事实本身说话”，寓理于事实之中。从接受美学的角度来说，它更需要受众的悟性配合，而评论则是在摆出事实及问题之后再予以更直接、更集中地阐明。它讲求在占有并写出典型事实的基础上抓住要害进行精当而又富于逻辑力度的是非因果分析。因此从比较文体学的角度，我们完全可以说评论是新闻报道的提高与强化。所以一般的规律是：一个重型新闻报道的同时或隔日便出现一篇相应的评论文章。也正基于此，毛泽东同志在 1958 年就曾强调：搞新闻工作，光务实不务虚，不好，有了看法，有了意见，就要抓机会，找题目发挥。

第二，强化的现实针对性。评论的选题及立论，都应十分贴近现实生活和群众心理，进而及时而有效地起到引导舆论、澄清思想、提高认识的战斗作用。比如《评“交学费”》一文，即针对 1980 年 7 月“渤海 2 号”事件发生后，当时石油部勘探局领导的恶劣态度所写。再如《绝不容许横行霸道》一文，即针对 1988 年 5 月一时成为热点新闻的保定市交通局局长周志远绑架执行公务的女收款员的事件所发。

第三，借题发挥、借事明理的表现机制。这是评论文体在构思与写法上的一个特点。考虑到既快又灵的“读者效应”，评论一般不像长篇政论和学术论文那样，展开全面深入而又系统的论证，而是从时下和身边找题目借题发挥、借事明理。它往往从个别入手再归结到一般，取之于点、用之于面。这就使它赢得了以小见大、深入浅出的宣传优势。

第四，具体与抽象、感情与理性的统一。这是由借事明理派生出来的评论的又一特点和优势。一篇评论，从借用的材料（即某个事件、某些现象、某种倾向等）来看，既是具体、直观的，也一定是为大众读者已知、敏感和关注的。因此它便能一下子抓住读者的“视觉和心理”，但它又不是或者主要不是满足停止于发消息、讲故事，其重心所在是“事实”之后的“理性上升”，即精彩的评论文字。评论文章的共同宗旨是：通过精要而中肯的剖析评述，给大众以理论指南和精神营养，以求统一和提高读者的认识，规范舆论。据此我们可以毫不夸张地说，评论不仅是一种有效的大众新闻传播媒介，还是一种既方便又实惠的理论教材和思想指南。

总之，倾向性、评述性、针对性、新闻性、启教性和可读性的有机统一，是评论应有的文体美学品格。

二、评论于公安法制宣传大有作为

评论的上述特点，也决定了其一快二灵的优势。快者即写得快、发得快，文章明快，读者接受也快；灵者即指由于它以小见大，深入浅出，感性与理性相结合的特点，能使读者广为受益，或清是非、或明耳目、或正舆论、或扬正气、或祛歪风等。看来，评论正好是公安法制宣传的较好形式和得力武器。

第一，用以表彰和赞扬公安法制机关工作人员及人民群众中的英模行为和可贵精神。新时期以来，公安司法战线斗争复杂、工作艰辛，不少单位与个人为此付出了大量的劳动，进行了“韧”的战斗，甚至作出了牺牲。人民群众能够以身护法、见义勇为，在今天尤其难能可贵。为此均应采取评论的形式，及时给予表彰赞扬或鼓励。

第二，借助评论可以动员群众，造成舆论，以配合公安司法战线的“中心工作”、战役和部署。

第三，针对一时为大众所普遍关注的公安法制新闻事件，特别是对于严重违法乱纪、侵犯人权、破坏公共秩序的人与事给予及时而尖锐的抨击与鞭挞。

第四，针对公安司法队伍内部及群众中存在的模糊认识及不当言行发表评论，给予及时而严肃的提醒、规劝直至批评。

第五，针对社会治安动态和公安司法业务有关问题，公安法制报刊上（特别是内刊）发表专题性业务评论。

三、评论的撰写要领

（一）及时选好论题

论题是议论文的一个要素，它指的是一篇议论文章的基本议题或所提出的矛盾问题。虽然长期以来它被排斥在“议论三要素”之外，但对于一篇议论文的写作来说，它显然是至关重要的。因为如果说散文、小说等文学作品讲究“意在笔先”的话，那么议论文则完全需要“题在笔先”了，如果选题不明确或者是不恰当，那么这篇议论文恐怕很难写好。

选题对于评论的写作尤其重要，因为前文讲到的评论的现实针对性，首先要靠具有强度的现实意义的论题来体现。那么怎样优化公安法制评论的选题呢？笔者认为要从以下几点着眼：

1. 作者要有现实意识和时限意识

作者要从现实生活和公安法制战线的实际出发，恰当地把握时机，找到最佳选题。所谓现实：一是指公安司法战线工作局面与部署之现实；二是指社会背景和群众关注之现实。至于时限，这本是所有新闻稿件编发的一个原则要求，对于评论而言就是要突出一个“快”字，看到问题选了“题目”后即应迅速而果敢地走笔成文，切不可畏首畏尾，徘徊观望。

2. 注意选题角度的恰与新

辩证法告诉我们，事物都有两面性与多义性。据此确定选题时就要在切入角度上下功夫，争取一恰二新。比如，《"慢"的价值开掘》（原载 1990 年 7 月 27 日《人民公安报》）一文，针对破案宜快不宜慢的共识定见，评论作者动用逆反思维，从"慢"的价值这个角度做文章，进而提出了不该一味否定慢，甚至有时需要慢的看法，读来给人以非同一般的启示。

3. 选题要具体而集中，提倡一事一议

论题的大小历来是论文写作成败中的一个要素。对于评论来说，考虑到其篇幅有限（一般七八百字为宜），再加上大众读者有限的接受力，因此其选题宜小不宜大，而且应力求具体、集中。经验证明，坚持"一事一议"，往往会收到较好的接受效果。相反如果选题过于笼统或者外延过大，那么所评必然于有限的篇幅里失于全面或缺乏力度。

（二）立论明确，一旨贯中

选好题还只是写好评论的第一步，紧接着的工作便是"持论"或曰"立论"了。评论的持论要注意以下几点：

1. 观点既要集中明确又要避免偏颇

选题的集中要求持论也应相对集中和明确，即所谓"一事一议""一旨贯中"，切不可贪全求大，铺张扬厉。但又要争取站得住脚，以理服人，还须注意避免抓住一点，不计其余。为此，可采用"交代法"（或曰"带过法"）即于关键之处将相关之点提一下。

2. 立论应注意针对性和倾斜性

面对一个包含多因素、多方面的论题，作者的评论应针对当时公安法制工作和社会舆论等实际而有所侧重和倾斜，以期尽可能地收到有的放矢、药到病除的效果。

3. 运用创造性思维，拿出高明的新见解

评论的内容切忌老生常谈或人云亦云，而应拿出经过深入调查采访和认真独立思考之后的高明而睿智的见解。比如，《“惠法”招商怎了得?》（原载《人民公安》1993 年第 9 期）一文就是一篇比较有见解、有分量的评论文章。作者以敏锐的目光，从宏观调控、微观搞活的政策背景出发，尖锐批驳了个别地方和单位置国家、民族长远利益于不顾，大搞“惠法”招商，甚至谈什么“外商的需要就是我们的政策”等荒唐之言的错误与危害。

（三）精心选用得力而典型的事实性论据

评论是感性与理性的统一。正如前文所说，借事明理是它的表现机制。因此事实性论据的精心选用，对其自然有着十分重要的“战略”意义。“事实胜于雄辩”这句话对于评论的作者应该是不容置疑的。要想评得有力、写得有效，就必须派用上得力而典型的事实论据。

在事实性论据选择上，用“正反对比”的方法，往往会增加表现力和启发性。即选择一正一反两个事实，待截然相反的事实摆出后，再经一番精要的议论，所欲表明的基本观点便自然“立”起来了。

（四）选择恰宜的表现形式

文章本来就是多环互依的有机整体，好的内容还需要好的形式去体现。因此这里再就“方法、技巧”方面谈几点意见：

1. 关于层次安排

评论属“软”论文，因此结构层次上尽可各取所需，甚至可以借鉴散文布局上的“变化美”。这里向大家介绍公安法制评论三种最常见的层次方式：一是“三层式”，即一层摆现象、提问题，二层且述且评、夹叙夹析（此层为重点，文字也最多），三层解决问题，拿出结论，有时还可发呼吁、提建议等。二是

“两层式”，即一层叙事，二层论理。三是“引用式”，即先正面引出一个有关的法律法规或一个权威人士的谈话等，紧接着又摆出有关相反事实，予以剖析直至得出结论。

2. 关于评论方法

议论文的论证方式、方法可谓多矣。用于立论的有事证法、理证法、分析法、对比法、类比法、喻证法、引证法等；用于驳论的有直驳法、排除法（或曰反证法）、归谬法、反用法（釜底抽薪）等。这些方法，写评论时尽可适当选用。对于公安法制内容的评论而言，常用的方法有事证法、分析法、喻证法、对比法、类比法和引证法等。其中，类比法如用得好，可大大加强认知性和说服力。引证法的使用对于公安法制评论来说，除“引言”外，更多的时候是“引法”，即直接引用我国现行的各种法律和法规。“引法”具有一举两得之长：一是微观上满足了“评论文章”的需要；二是宏观上更具体可感地宣传了法律。

3. 关于语言表达

评论语言的一般审美要求是：准确简明、生动有力，公安法制评论也是如此。这里仅强调两点：一是且述且评、夹叙夹议的表达定式。叙要叙得简明扼要，议要议得精当中肯。具体说来有三种形式：先叙后议；先议后叙；边叙边议。二是遣词用句上的明快、有力。为此注意语法结构上的简化句、省略句、短句、紧句和修辞手法上的设问句、反问句、警策句、层递句、呼告句、讽喻句等的恰当使用。

4. 关于评论文章的标题

标题是文章之眉头，古人有“凤头”之说。评论的标题应明快、醒目，并富于启发性和一定的悬念。从总体角度和句式类型上看，大致可做如下归纳：第一，随感式、联想式，如《丢驴吃牛有感》；第二，评论式，如《绝不允许横行霸道》；第三，祈使呼吁式，如《且莫让“精神鸦片”蔓延》；第四，判断式，如《扶正祛邪的根本之策》；第五，悬念式，如《案子破了以后》；第六，并列式，如《养痈与反腐败》。

（原载《公安新闻采写论谭》中国人民公安大学出版社 1998年版）

第四辑

学论申论写作

学术论文体说

文章依体而存，在真切而实际的社会文本交流过程中常用常见的有三大体，即公务应用体、新闻稿件体和论文体（于此文学作品除外）。就论文体而言，又有政论、学论、评论和杂文之别。于此集中对学论一种做些介绍，旨在让青年朋友们更科学地认知它，进而更成功地撰写它。

一、学术论文的界定与价值

学术论文也叫科技论文，它是记录科研成果，传播科技学术信息，进行学术研讨与交流的重要手段与工具。至于范围较小、专用性更强的本科生毕业论文和硕士博士的学位论文则还有着锻炼学生理论素养、科研能力，检验考量其专业学习水平的作用。随着人类文明的进步、科技文化的飞速发展、人类认识世界的不断深化与改造世界能力的不断提高，科学研究与理论探索日见活跃，而学术论文的撰写相应也日见必要与普及。

二、学术论文的类别

学术论文不同角度有着不同的分类，大体类别情况如下：

第一，从大领域上着眼，有社会科学（含哲学）论文和自然科学论文两大类。前者诸如历史、经济、法学、信息传播、新闻学、民族学、文学、文艺学、美学、哲学、文章学、写作学、语言学、心理学、思维学等；后者诸如物理化学、天文气象、能源材料、生物学、地质学、海洋学、农学、医学等。当然也有交叉两跨者，比如公安学、军事学等。

第二，从作者与用场上着眼，有专家学者的论文和学生的论文。后者即本科生的学年论文、毕业论文和硕士博士的学位论文。

第三，从内容范围着眼，有专题性论文、综述性论文和争鸣辩论性论文。

第四，从撰写目的与具体内容着眼，有理论性论文（多为社科类论文）、实验性论文（多为自然科学类论文，其又分实验报告和研究报告）、设计性论文（比如工科本科的毕业设计）。

三、学术论文的本质属性

凡一种文体，都有其由总体性能与写发目的决定的有别于其他文体的本质属性（有时称作文体特征）。学术论文有以下三个基本属性：

（一）科学性

科研行为的科学性决定了学术论文的科学性，而且是起码的基本属性。它体现于两个层面：一是要求撰写者以实事求是的科学态度，科学的世界观与方法论去研究课题，从事实验与操作，而绝非主观臆断、闭门造车；二是所写力求观点正确客观、成果切实、论据可靠、数据准确、论证严谨并富于雄辩性等。有时，即使带有争鸣性、探索性，“持论”也应严肃谨慎，而不可妄自标新立异。

（二）创造性（创新性）

撰写论文旨在交流学术见解传播科研成果，为各类业务与工作提供新思路、新办法，因此创造与创新便是论文的生命所在。所以笔者认为：论文长短并不重要，重要的是要有新东西，要“成一家之言”。鉴于此，于研写过程中必须坚持独立思考与研究，在探得事物内在规律的基础上赢得“创新性”。其“创新”，一般包括领域新、选题新、结论新、观点新、见解新、材料新、角度新等。当然于此适当借鉴甚至“拿来”前人的成果与灼见无可厚非（论文中常有“引用”），但要“为你服务”，切忌剽窃照搬或人云亦云。

（三）学术性与理论性

学术论文跟政论、文艺评论、新闻言论之本质区别就在于从写者的科研行为到文本撰写，始终贯彻着学术性价值追求（促进学术交流与科学进步），所以学术性正是学术论文的灵魂。理论性是说论文不能就事论事，而是要从个别上升到一般，要找出规律性东西，要运用概念、判断推理演绎、分析综合、证明反驳等逻辑思维方式方法得出拥有指导实践价值的结论。

另外，学论还有两个相关特点：一是读者对象比较集中，流通范围也有不期而然的限定性；二是文面格式与文面构成环节相对统一（有点类似公文）。至于我们公安科技与公安文化课题的论文（含公安院校学子们的专业毕业论文与学位论文），还有个不容忽视的特点，那就是鲜明的目的性与服务性，即从选题调研到持论撰文始终贯穿着为公安事业现代化、为公安民警智能化服务的目的。

综上认知了学术论文的属性价值，便有利于理解和把握它的写作要领，也有利于明确学论文本的审美追求。

（写于1996年3月）

论文的运思与用法

在前文基础上，这里再进一步就撰写公安学术论文的思维内功及由其决定的论证方法做些大略说明。

一、撰写学术论文常用的思维方式

古人讲“凡作文之道，构思为先”，这对于主观倾向甚为突出的学术论文而言，自然尤其重要了。撰写公安学术论文与撰写其他题材内容的学术论文一样，其思维内功以抽象思维为主，再辅以综合创造性思维和形象思维等。下面分别具体介绍一下。

（一）抽象思维的运用方式

抽象思维还叫逻辑思维，它是借助于概念、判断及推理来反映客观事物的思维类型。在一个思维过程完成时，其舍弃了具体形象和一般属性而获得了对事物本质及其运动规律的认知。其常用的具体方式有分析综合、比较、抽象概括、归纳演绎、逻辑联想、系统化、具体化等。

1. 分析与综合

分析即对论题事物的各分支、各部分、各子系统以及各部分的联系一一分解研究的思维过程。常用的有因果分析、矛盾及变化条件分析、比较分析、具体逐层分析等。分析是最基本的抽象思维过程。通过分析，可以认识到有关事物的基本结构、属性和特征，并可以通过现象接触到本质等。综合是在分析之后，把部分缀连为整体并逐步找到其内在联系的抽象思维过程。恩格斯曾指出，综合就是“把相互联系的要素联合为一个统一体”（《反杜林论》）。综合是分析的上升，通过综合我们可以找到事物的内在联系及变化规律。总之，撰写公安学术论文时借助分析综合的思维过程可以确定出论文的论点及论证步骤、方法等。比如，《当前刑事侦查工作面临的矛盾及其出路》（以下简称《当》，见《中国人民公安大学学报》1994 年第 5 期）的作者在撰写论文前，先对“面临的矛盾”予以分析，从而找出了“五对矛盾”，然后又予以综合得出结论——要解决之，“根本的出路在于改革”。并基于对以上五点分析，进一步构想出“改革”的四个环节。经过这样一个分析综合的思维过程，文章写成后自然既有逻辑性又有说服力。

在运用分析综合思维时需注意分析综合的角度与目标应该“始终不变”，中间不可掺入不同范畴的“分析项目”。再者，就论文作者的思维程序来说，自然是先分析后综合的，但撰写论文时则综合文字部分既可出现于论文开头的“引论”处，亦可放置于论文尾部的“结论”处。同时，如果是有多个分论点的长篇论文，那么几个不同的综合文字亦可出现于论文的几个“层界”处。

2. 比较

运用人脑辨别事物同异关系的思维过程和方法。它是人们认识事物并进而“类划”事物的必用思维方式。运用时要注意标准与角度的统一确定，从而准确识别出同与异。撰写公安学术论文，动笔前常常需用比较思维。比如，笔者在研究案例写作这个课题时通过比较思维发现，案例文章有三个基本体别，即应用体、新闻体和纪实文学体。于是确定了“依体而作”的观点并写出了题为《案例写作鳞爪》一文。

3. 抽象与概括

抽象即通过大脑从诸对象个体中提取出共同本质属性的思维过程。而概括则是在抽象的基础上将诸事物的共同属性归纳集中起来的思维过程。抽象与概括是在分析综合和比较基础上进行的，论文写作实践表明，科学的抽象与概括是撰写各类论文（亦包括公安学术论文）所离不开的。从某种程度上说，研究课题和撰写论文的过程正是作者进行科学抽象与概括的过程。比如，《我国流动人口发展的历程与对策》（原载《人口与经济》1991年第6期）一文的撰写，其作者在“调研”的基础上对我国新时期以来“流动人口”的现状（包括规模趋势）、原因及社会影响等进行了客观而精要的“概括”，然后在这个思维功夫的基础上又“抽象”出相应的管理对策。

4. 归纳和演绎

归纳即从个别的特殊的事物推导出一般结论的思维方式。古希腊著名学者亚里士多德曾说：“归纳法是有说服力和简单明了的，从感性认识的观点看来是比较方便和简单易行的。”（《论辩篇》）因此，公安学术论文的作者也常常使用之。比如，《关于民法调整对象的再认识》（原载《民法问题新探》）一文，作者在撰文前先就“民法调整对象问题”中所涉及的“个别”问题（诸如“民法与经济法的划分标准”“两者关系与区别”“商品关系说”等）做了细致深入的思考与分析，最后推导出作为该篇论文总论点的“结论”。演绎，与归纳相反，是根据已知的一般原理或结论推及个别的思维方式。由于其中的“一般原理或结论”具有不容置疑之威力，而其“个别”又与之有内在的必然联系，因此演绎推理思维颇具雄辩的逻辑效果，用得恰当对论文的撰写十分有利。例如，《论调整经济关系的法律规范的变化》（原载《争鸣》1987年第4期）一文即从“法律是调整社会关系的规范，不同的社会关系将由不同的法律规范来调整”这一已知原理出发，具体论述了我国新时期以来，随着作为社会关系重要组成的经济关系的变化所带来的“法律规范”上的某些新问题和新变化。

5. 逻辑联想

由一件事物又想到另一件相关、相近、相交的事物，或由眼前所感知的事物而回忆起与其有关的其他事物的思维方法和心理过程叫联想。形象思维中的联想姑且不论，这里简要说明一下抽象思维的逻辑联想。一篇题为《一起涉外犯罪案件的启示》（原载《公安理论与实践》1994年第2期，题目有删减）的业务研究，文章作者在构思该文时就运用了逻辑联想的思维方式。由其案件的作与破，联想到如下几个富于内在逻辑联系的问题：第一，利用信用证进行诈骗是当前涉外经济犯罪的一个新特点，应引起足够重视；第二，犯罪的智能化，迫使和要求侦查手段必须破旧用新；第三，侦查人员必须提高自身智能水平，完善知识结构；第四，尽快建立和完善有关“入境犯罪”的法律体系。

6. 系统化和具体化

系统化思维方法即在一个抽象思维过程终结时，对思维对象从纲到目，方方面面形成一个有机整体的思维。具体化思维与之相反，即用业已抽象出的结论或命题再联系到一个具体事物的思维过程。公安学术论文欲写得既有理论力度又富于实践价值，那么系统化思维和具体化思维是不可不用的。比如，构思论文整体框架拟定提纲时，正是系统化思维的用武之地；而在设置选用论据材料（不论是事实性论据还是理论性论据）时，则又必须运用具体化思维。

（二）综合创造性思维举要

综合创造性思维是在长期实践经验和理论积累基础上的一种

多元综合的富于创新性的思维方式。其中既有抽象思维之功又有形象思维之劳，而且就其成功的运用来说，它也是“灵感”的一种表现形式。综合创造性思维的主要方式有逆反、优选、内联、深掘和臻美等。这里仅就撰写公安学术论文中的逆反和内联两式简单介绍一下。

1. 逆反思维

在分析综合、比较等思维的基础上，不因袭固有思路和结论而坚持从相反方面运思的思维方式。比如，王安石写《读孟尝君传》、毛泽东写《论持久战》所动用的思维方式。写好富于创见性和突破性的公安学术论文有时正好需要运用逆反思维。比如，《完善取保候审的几点思路》（原载《公安研究》1993 年第 5 期）一文，作者在对国内外历史的和现行的关于“取保候审”这一法律命题的认定及实施做了较为充分切实的调查研究之后，便运用逆反思维，从对其性质的确定及其有关实施细节上拿出了自己的一系列新见解。比如，其否定了历来所认为的“取保候审”是强制措施之一的提法，而提出“应作为被告的一项诉讼权利”。再比如在原先只有“人保”一式的基础之上又提出增加“物保”和“自保”等新方式。

2. 内联思维

通过反复思考与逻辑联想等探寻出两个或诸个看来“并无联系”的事物的内在联系的思维方式。在撰写公安学术论文时，为让读者加深对某个问题的理解并与作者得到共识，内联思维的运用可助一臂之力。比如，《大治安——公安机关应是一个开放系统》（“新时期公安工作理论与实践”研讨会论文，后载《公安研究》1993 年第 5 期）一文，作者把公安机关的千条万绪的职能与工作，从社会大治安的角度找到其彼此的内在联系并分别梳理出四个系统的大治安框架（即开放系统、管理系统、服务系统、打击系统），显然作者运用的是系统化思维和内联思维。

（三）形象思维

形象思维又称艺术思维，是文艺家在观察生活的基础上借助体验、感受、想象与幻想集中创造出全新而典型的艺术形象过程中运用的思维方式。其特点是以表象为载体，始终不脱离具体而生动的感性材料并伴随着强烈的感情活动。它与抽象思维是截然不同的两种思维类型，按照别林斯基的说法，一个是证明（指抽象思维），另一个是显示（指形象思维）。写论文自然主要运用抽象思维，但为让读者在晓之以理的同时还能触之以象和动之以情并获得尽量多的理性美感享受，论文撰写者当然也不放弃对形象思维“神功”的借助。至于“文学评论”，那自然更是典型的形象思维与抽象思维的有机结合了。撰写公安学术论文也完全有必要借助一点形象思维，据笔者所见，至少有这样几个运用点：第一，构思时选择富于典型性和生动性的正反事实论据材料；第二，运用形象思维以精心设喻；第三，在形象思维作用下的语言表达的形象化；第四，运用形象思维绘制图表等。请看如下两例：

《试论加大整治倒卖火车票活动的力度》（原载《中国人民公安大学学报》1994 年第 5 期）一文中开头一段所列举的反面事实材料：

“倒票”活动日趋严重

一是“倒票”的人数越来越多。铁路严重超负荷，需求比例失调，票贩子应运而生。哪里有铁路，哪里就有票贩子，而且参与“倒票”的人越来越多，“倒票”成了一些人赖以发财的手段。以广州站为例，1984 年至 1986 年，查获票贩子 958 名；1987 年至 1989 年查获 14651 名，比前 3 年增加 14.3 倍；1990 年至 1992 年查获33146名，比前3年增加1.3倍；1993年查获16832名，比1992年增加三分之一；1994年第一季度查获6171名，比1993年同期增加三分之二。在北京、上海、郑州等大站，参与“倒票”活动的人数均有增加的势头。过去是由少数本地人为主，现在已发展到以外地人为主，而且结成团伙进行“倒票”活动。如罗某等3人长期包住广州火车站旁某宾馆两套日租金300元的套房，作为“倒票”据点。他们利用订票员的身份，长期多报订票计划大量订票，然后雇人到车站拉客销票，而罗某等3人坐镇宾馆，用望远镜、“大哥大”遥控指挥。

二是参与“倒票”活动的人员成分越来越复杂。由社会上的不法分子、闲散人员逐步发展到社会团体、机关学校、企事业单位的一些干部、职工，使“倒票”活动变得涉及面更广，情况更复杂，整治难度更大。广州某造船厂技校的一个教师，竟动员学生为其到广州市内各售票处排队买票，然后由他本人到车站倒卖牟利。还有的购票员与票贩子相勾结，进行“倒票”活动，这既增加了“倒票”活动的复杂性，又给铁路管理工作增加了难度。

三是“倒票”的手段越来越诡秘。有的“倒票”团伙设立据点，雇用“马仔”，分工明确，组织严密，配有“大哥大”“BP机”等现代通信工具；有的千方百计拉拢铁路工作人员给他们提供车票；有的非法印刷铁路部门的手续收据，以此蒙骗不明真相的旅客；有的还掌握公安人员不少整治“倒票”活动的规律。他们“倒票”的手段变得更为狡猾，花招层出不穷。

《大治安——公安机关应是一个开放系统》（原载《公安研

究》1993 年第 5 期）一文的两个图示：

由内向吸收和外向辐射的工作方式构成的

公安机关向社会全方位开放的系统网络

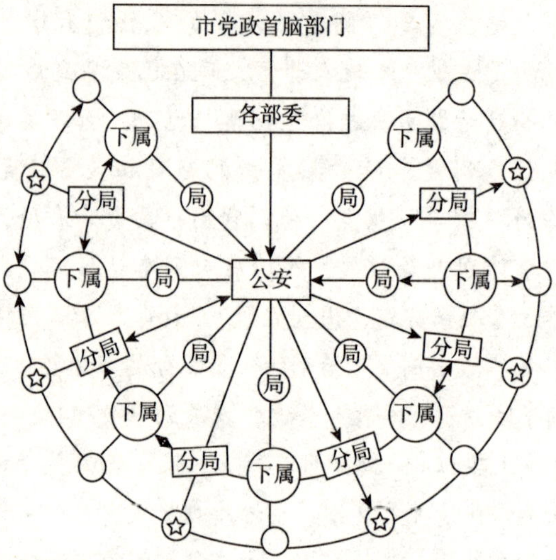

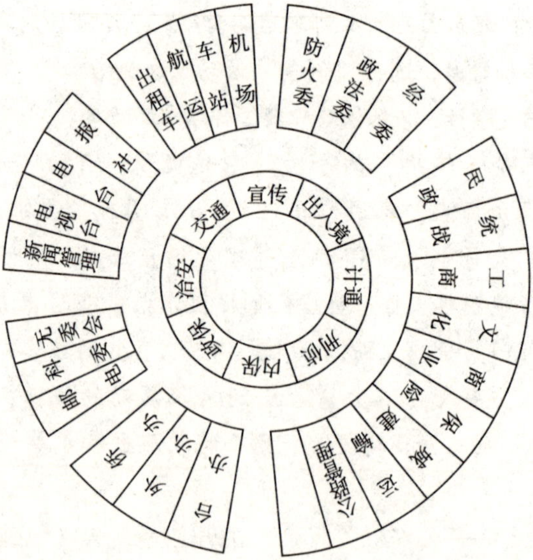

关于借用形象思维进行形象说理一功还望同仁们多多实践并及时总结成功的经验。

二、学术论文论证方法举要

论文的论证方法本是外显于论文文本之上的，而且一般来说，其属于文章形式范畴的方法技巧问题。但归根结底与作者思维内功有着内在的“血缘关系”，所以笔者想于此加以归纳说明。

论证方法，即用两种论据（事实论据和理论论据）论证论题从而得出相应的论点（总论点或分论点）的具体方法。基础写作研究告诉我们，论证方法总体上有两大基本方式，即立论和驳论，具体说来，在这两种方式之中还有着若干行之有效的方法。它们是事证法、理证法、分析法、引证法、比证法（其中有对比法、类比法）喻证法、反证法、直驳法（驳斥错误观点）、釜底抽薪（驳斥错误论据）、归谬法、反用法（矛盾法）等十多种。公安学术论文的作者，尽可在思维内功的统领下根据撰文需要“自由”选用。这里且对常用的立论型的事证法、析证法、比证法、理证法、引证法和反证法的使用做些说明。

（一）事证

事证，也叫例证法，它是最基本和最朴素并带有形象性的论证方法。俗话说“事实胜于雄辩”“摆事实、讲道理”就是在说明事证法的神通。不过使用事证法时，需注意事实材料的真实可靠和较强的代表性（即要有点质量），比如《必须根治刑讯逼供这一顽症》（原载《辽宁省法学学会年会论文选集》，1980 年）一文，即通过列举一些十分典型而生动的反面事例，令人信服地证明了实际存在着的刑讯逼供“劣迹”及其恶劣影响。该篇论文的说服力便油然而生了。

（二）析证

在分析综合的思维统领下，通过对与论题有关的事实材料的多面的逐层的分析，从而得出结论、确立观点的论证方法。分析是认识事物和撰写论文的基本方法之一。作为论证方法细分起来又有因果分析、多面分析、双向分析（或曰辩证分析）、具体分析等。前文所举《当前刑事侦查工作面临的矛盾及其出路》一文所使用的即为多面分析。而《试论大城市人口控制问题》（《中国人民公安大学学报》1985 年第 4 期）一文则属于因果分析。文章第一部分先列举一些事实，指出我国大城市在很长时间里人口处于失控状态；第二部分又从人口增长与城市功能、资源、能源乃至城市经济发展的互相制约关系的分析中得出“应该继续从严控制”的结论；第三部分又根据我国城市与乡镇管理布局上推断出应控制大城市、管理发展中小城市、积极发展小城镇的控制原则与方针。

（三）比证

在比较思维基础上运用对比或类比得出结论的论证方法。下面分别说明一下。

对比，即在相关可比的两个事物之间进行纵向或横向比较，从而突现出欲加证明的“症结与要害”。其中的纵比即一个事物自身在不同发展阶段上的比较，比如《中国公安法制建设的回顾与展望》（《中国人民公安大学学报》1994 年第 2 期）一文中的对比运用；其中的横比即两个相关事物在某一方面的比较，比如《如何正确区分间接故意杀人和过失杀人罪》（原载 1980 年辽宁省刑法理论座谈会《论文汇集》）一文中的对比运用。

类比是比较思维运作下的一种特殊的比证方法。它是在两个（或几个）本质属性上具有某种“共同点”的前提下，对这个共存的“共性”予以集中比较，从而深化读者认识并达到与作者

“共识”的论证方法。还应特别指出的是类比并非比喻，后者是用形象显示抽象，前者则是同类相比。通过类比或加深对诸事物“共性”的认识或达到既知 A 便也知 B 的目的。《我国历史上三部国籍法处理国籍问题的原则和特点》（原载《中国人民公安大学学报》1985 年第 1 期）一文，即通过类比论证，使我们对该三部国籍法所具有的“共性”（文中列有四点）有了进一步的认识。

（四）理证与引证的结合

使用理证有两种情形：一是在摆事实材料之后立即“讲道理”；二是引用“理性论据”材料进行证明或反驳。对于公安学术论文来说，一个重要的不可不用的“理性论据材料”就是我国现行法律和有关国家正式颁布的各种法规文件。因此，理证实质上是“法证”。引证法，即古人所讲的“明理引乎成辞”的方法。就是在自己讲理时有针对性地运用有关现成的“理性”材料。这些文字材料，或权威人士言论，或经典著作原文，或国家现行法律法规等。鉴于前文所讲，公安学术论文以国家现行法律法规为主要理性证据。因此在撰写实际中，理证和引证便不期而遇地结合在一起了。这种结合的要领是：第一，把“引用”和作者自己的见解融为一体，而不可生吞活剥地引用一大堆法条或权威言论；第二，注意一个“准”字，即对“所引”理解得准、借用得准，切忌张冠李戴，无意曲解和有意歪曲之类；第三，在书写上要坚持用“引号” + “括号”的规范公式，在指出出处时，应该力求准确具体而完全（诸如作者和书文名称，出版刊登时间，具体页数等）；第四，引用的东西也不宜过多，更忌喧宾夺主、越俎代庖之类。

（五）反证

反证是一种间接论证，即欲立“己论”先证明与己论相反的“他论”之误的论证方法。在论文写作实际中，一般是在“正论”（即正面论证己论）的基础上适当辅以反证，如此有正有反、正反结合自会赢得无懈可击、左右逢源的效果。比如，《“无罪推定”应作为我国刑事诉讼的一项原则》（《中国人民公安大学学报》1994 年第 4 期）一文作者针对当前在我国有些办案人员对“无罪推定”的原则还没有完全理解和认真实践的情况，论文采用了“正反结合”的论证方法，比较具体而系统地论述了由于忽视了这一原则，致使在诉讼过程中，被告人合法权益很难得到真正保障的弊端。如此在读者充分认同了这一点之后，论文的正面论点（即标题所言）也就十分自然地被他们接受了。

（原载《公安文体写作导论》中国人民公安大学出版社 1996 年版）

毕业论文撰写要领

一、文体特征（认知并找到感觉）

毕业论文与另外三大体不同（应用文、新闻公关、文学），同族内与政论、新闻言论、杂文、说理散文等也不同，它属于学术论文范畴。

政论拥有出处和用者的权威性，严谨细密的论证过程可从简，直陈其理、策、法；杂文则充满比较尖锐的讽刺内容与表达的文学化；新闻言论和说理散文则比较精巧和随意，称为“软论文”。

“学论”则是一种科研行为和宣扬科研成果的文字载体。一般是就研究和实践中出现的问题、分歧、争论、发现等发表自己的新见解、批驳谬误的文本（自然科学还有实验报告、设计方案等）。

学论的作用：好的论文足以推动业务工作实践和促进理论建设。学生写它，可以锻炼科研能力、理论素养；校方可以用以检验教学效果和学生综合水平。

学论的美学品格：科学性、理论性、创见性（新课题、角度、观点、论据材料等）、逻辑性、前沿性、指导性的有机统一。

理论与实践、历史与逻辑、新观点与贴近性的统一。

二、撰写要领提示

智能：理论基础创新思维系数、课题信息材料积累与占有、文字功底。浮躁惜力不行，要有严谨、科学、老实的学风、作风。

工程：前期功、后期功和思维内功。

（一）过程步骤

1. 前期功

选题、择师（要书目）小、新、巧、必要与合适。

熟悉课题研究前沿动态信息，进而摄取原料素材。具体包括：书刊报、工具书、古今中外档案文件等；上网调研考察走访等；做记录卡片和复印等。

构思框架，找切入点角度（新反纵横补比单复）、缩小论题总分论点、重点论据和主要论法等。

拟得提纲要导师同意，提纲有详略两种。

2. 后期功

起草与修改两易其稿（第三稿为定稿、导师）。

誊抄打印，注意文面格式。标题、署名、目录、内容提要、正文（3 块）、注释、参考文献、附录、封面。

准备答辩。

参加答辩。

写出小结。

（二）正文写法提示

标题：恰当引入正副双行。

结构：3 块，引本结。

论据要新当和典型。

证法：立驳、事理、比反、反用、归谬、两点与重点等。

立论常用的包括：

一是引证："明理引乎成辞"。《实践是检验真理的唯一标准》一文引用了7条马克思、列宁和毛泽东的话。

二是类比：同类相比，由已知事务推及"论证对象"，从而让读者接受你的观点。《从未庄走出来》用阿Q之褊狭短见来类比保守派。

三是反证：作用是堵住论敌退路。

驳论常用的包括：

一是直驳论点。

二中间接驳论点：归谬法、排除法。

三是驳论据：釜底抽薪，如《友谊还是侵略?》。

四是用反用法驳论证逻辑，如《此生或彼生》。

文字篇幅：文字应深入浅出，切忌艰涩啰唆，滥用洋概念、新名词之类。

（三）关于思维内功

基本型：归纳演绎、分析综合。

高级型：逆反、换元、比较、系统化、发散集中等。

借助形象思维：绘图、设喻、用语等。

（四）克服常见病

抄袭剽窃之嫌。

空泛一般化，没创见。

观点偏颇"左撇子"。

选题好可有点东西表达太差，层乱语涩。

与导师配合不好，时间安排上前松后紧草草收兵。

（2000年5月为中国人民公安大学96级法律系本科毕业生讲座的提纲）

申论考试及文本拟写

2000 年以来，国家人事部组织操办的公务员资格考试，出现了一个新考项叫作申论，结合几年来拟题和我校学生应试两方面的实践，这里仅对申论考项的理解与操作要领做一些辅导与提示。

一、“申论”考试是怎么一回事

（一）“申论”的定义

作为一个合成动词，其中的“申”，即申述、申辩、阐明之意，而“论”，又有议论、论证和评论之意。二者合在一起，便成了如今既有阅读归纳分析又有建议和评论等综合之功的申论考项。其几个特点值得注意：

第一，与国际接轨，国际标准性（借鉴了先进国家的经验，如日本和法国等）；

第二，题目内容涉及范围广泛，有关的背景材料丰富；

第三，形式与任务灵活多样；

第四，答案方面，原则上的确定与具体的不确定。

（二）“申论”考题的一般模式

即先给考生一个1500字左右的材料，内容多为国内外政治、经济等事态或现实生活的某个倾向性问题或热门话题，让考生仔细阅读之后做几个“笔工”：

第一，概括归纳材料内容（所反映的问题或其他情况等）；

第二，以公务员或秘书身份提出对策（解决问题的对策办法、方案和建议等）；

第三，进行论证（就问题发表看法或施以论证或给上级写建议、报告等）。

通过这几个笔工，第一考核阅读能力、概括能力和表达能力；第二考核分析问题和解决问题的能力、参政决策能力、管理承办协调能力和表达能力；第三考量信息知识储备、理论水平、论辩能力和表达能力。由此不难看出，“申论”是对考生一种综合智能的考核。

（三）关于“申论”里的“论”

第一，它是一种特殊的论文写作，如今已成为大专院校学生实用写作的一个重要章节。

第二，其跟常见的政论、学论和评论不同，它具有明显的政策性、社论性和谏言性。

第三，申论的重头戏是“论”，是“参政议政”之论、“辅助决策”之论和“综合承办”之论。其母体乃是古代应试三大项之一的“对策、策论”（另两项是经义和诗赋）。

第四，为写好它，建议大家平时一要注意信息摄取与储备（国内外大事、热门话题、新生事物、焦点问题、法律政策、领导讲话等）；二要注意读写、概括、说明、分析、议论、参政议政辅助决策等几个能力的培养、历练。

二、申论考试的操作

（一）细心做好三件事——读、审、写

一是读：仔细阅读给定材料，用笔随时勾画重点的东西（包括断语、引言、数据、事例等），争取在读一两遍后便能够准确把握住给定材料，以为下一步“动笔”做好准备。所谓“把握”，就是抓住所提供的信息要点、重点以及典型事例。

二是审：仔细审题，从而明确任务、要求和某些限制条件。每次每题虽大同但也必有小异。注意“读料与审题”是连在一起的，可先粗读—看题—再细读。

三是写：（详见本篇后文“三”）。

（二）临场经验

第一，注意前面提到的三个笔工的区别以及其各自与原材料的关系。

第二，所论切忌偏离要求，为此适当引用“原料”。

第三，所写无论是概括说明、创新建议，还是对策攻略、综述评论等务要力求集中切实，切忌散与虚。

第四，书写工整，表达简明、通顺。

第五，注意抓紧时间，不宜前松后紧。

第六，注意字数“量感”，届时别超太多。

三、拟写文本的要领

第一，概括文字要恰当，先分后总，有一定上升。注意准和全，切勿混乱交叉、重复啰唆或苟简。

第二，写对策方案时先要搞准身份定位（“你”不再是考生）和行文关系，而后写出比较恰当的合法、合策、合情、可行的方案与办法。既有针对性又有上升，绝不能是第一笔工（即概

括文字）的“翻版”。

第三，写报告或发论时切忌抛开原材料另起炉灶，可以有点新意，但不宜偏颇偏激。要坚持实事求是、破立结合的原则，否定与批判性文字要注意“度”。

第四，无论是说明、陈述，还是发论，文字都要力求通顺、简洁、平实和生动，防止空泛、啰唆和生涩。

四、例话

第一，关于农村经济建设问题。

第二，关于能源与环保问题。

第三，关于环卫引起的民事纠纷。

第四，关于网络对社会生活的影响。

（写于2000年后的教学与讲座）

杂文及其写作

一、体说

（一）界定

文艺性论文，政论时评的内容和形象文学的写法。既是特殊性能的论文，又属文学散文之别类。

（二）流变

第一，古已有之，散见于诸子散文之中。

第二，民主革命时代鲁迅杂文成就。

第三，新时期杂文。

（三）特点及品格

第一，性能和内容紧扣时代脉搏、反映社会前沿问题。

第二，主题在于发表见解、抒写情志、匡正时弊、扶植新美。

第三，用料精当、典型，写法变换多样，语言形象、尖锐、犀利。

二、怎样写好当代新杂文

第一，准确把握文体品格特点（政论风骨和文学色彩）。

第二，作者应有学者（知识性）、记者（贴近现实、洞察时事）哲学家（头脑睿智、哲理性、思想性）和诗人（眼光敏锐、文学性）的气质，用爱心真心把握时代、审视社会、思辨人生、观察民生等。

第三，学习鲁迅的炙热襟怀与战斗精神，处理好歌颂与鞭挞的关系。

第四，构思好选题角度、用料和取法等，写时要精心于结构与语言。

（写于1994年）

附

《汉语实用写作》通论单元讲授纲要

（20 世纪八九十年代）

第一章　对“文章”的科学认知

第一节　界定及构成要素

文章是由书面语有机地排列组合所构成的，有着一定规范体式和系统篇章结构的，旨在思维表述与信息传递的物化文本。现代写作学称为写作行为载体（宾体）。

文章（文本）的构成要素，传统说法：材料、主题、结构、语言是文章四要素。

一、文章内容的两大构件

（一）材料

材料是文章的“血肉”，文章应“言之有物”，即有和着真实充实而生动新鲜的感人的材料。其又有素材与题材之分（原初的未进文本的叫素材，写进文本的叫题材）。

文章材料的积累与摄取。

文章材料的鉴别与选用。

文章材料的剪裁。

（二）主题

主题是文章的灵魂与统帅（别称，主旨、总论点、基本观点等），"文以意为主"，实用文章无论长短，总该有一个明确集中的主题。

主题的价值与作用：体现写作意图，决定文章成败与高下。对主题的有无、明暗与单复深浅的理解。

主题与材料的辩证关系：一个主题可用不同材料表现、一个材料可以提炼不同的几个主题。但在一篇文本里二者又一定是契合一致的。

主题与文体与标题本有着内在联系，但具体情形又因体而异。

表现主题的常见方法：众星捧月/一旨贯中/片言居要等。

二、形式的两大要件

（一）结构布局

文章的"骨骼"，写文务要"言之有序"。

文章结构布局的基本范畴有：开头与结尾/层次与段落/过渡与照应/脉络与线索。

文章结构依体而异，但实用文章总的要求就是层次分明、有头有尾，段落疏密适当，注意过渡与照应。

实用文章布局谋篇依循和考虑点：主题/素材/文体/读者受体/传递背景等。

优化文章结构的几个主要因素是：思维活跃/工于逻辑/熟悉写作对象（素材）/动笔前拟个提纲。

（二）文字表达（书面语）

书面语是作者写作的“工具”（电脑只是外在的机械性工具）；读者通晓文意的“中介”（文学更是语言艺术），因此是文章成败的重要因素。一般喻为文本的“外衣”。

如何优化文章的语言表达，请看第二节。

三、文章的其他构件

（一）文体

文体指一篇文章存在的具体形式，是文章内容与形式的搅和，凡文章皆依体而存（“文章”一词是集合概念，有泛指性）。不同文体，交流功能、构成机制与写作规范不同。其为“文之干”（意为“文之帅”）。

文种，诸文体内又有文种之别，比如通用公文的各文种，新闻稿件的消息、通讯等。

写文时应强化文体意识：一要依写作目的与流通渠道恰当“选体用种”；二要恪守诸体种的写作规范与要领；三要注意文种的流变，以适应社会信息交流的需要。

社会用文粗分为实用文章和文学作品两大类。实文用体又有三大体别，即应用体/论文体/新闻稿件体（中小学生所讲记叙文、说明文和议论文实为基础训练之体，并非是凝固的社会通用文体）。

（二）标题

文章之眉目，发向读者的第一信息，所以也很重要。

应依体定题：或规范恰切或醒目生动或新颖巧妙。

（三）写法

古人有章法笔法之说，多指结构方面，现当代写作学里的

"写法"概念指向比较宽泛，既包括结构方式与修辞方法，也包含某种写作技巧。

实用文体虽非文学创作，但也不排除适当运用些写作技巧。常见的有对比、侧写、递进、警策和引用借助、重复强调、犯中见避、一字立骨、首尾圆合等。

（四）篇幅

篇幅一事不可忽视，一般宜短不宜长。如属于约稿或他命，则应事先明确字数。

结语：文章是有机统一体，内容决定形式，形式为内容服务，在一篇文章里二者应达到和谐统一。

第二节　文章的语言表达

一、对语言的几个理性认知

（一）语言学理论

人类语言的本质特性：社会性/工具性/体系性/开放性/能力的后天获得性。

语言与思维的关系：思维借助语言符号，语言反映思维内涵。

口语与书面语的比较，后者交流的时空范围更广远，可使用规矩更多。

（二）实用文体语言表达的审美要求

规范准确/平实简明/得体生动。

（三）如何提高书面表达能力？

从生活和读物中学习借鉴/学点语法修辞与逻辑/写作时多推敲。

二、关于表达方式（广义上包括在“文字表达”里）

文章书面语的一个概念，指句与段范围里的语言体裁。

六种常见的表达方式：记叙、议论、说明、对话、描写、抒情。

表达方式使用规律以及与文体的关系：一篇文章以一两种表达方式为主，又辅以其他表达方式。实用写作以前三种表达方式为主，因此作者应熟悉记叙、议论和说明的常见表达方式。在此基础上不排除适当借用后三种表达方式。

第二章　对写作行为的科学认知

第一节　写作行为诠释

第一，写作是主动而自觉的脑体结合的复杂艰辛的劳作，包括内功（见“三”）和外功。

第二，写作目的在于传递信息表述思维，反映客观表现主观。具体又有自命写作与他命写作之分。

第三，借助某种语言的书面语（汉语的文字与标点）书面语是写文章的工具。

第四，成果是有着某种文体文种规范的文本（泛称文章）。

第五，现代完成型写作行为四体之说。

主体（写者）/客体（欲写的客观事物）/载体（写成的物化文本、文书、稿件、论文、作品、书稿等）/受体（阅读者、接受者）。

四体说的实践意义。

第二节　写作行为规律

一、原理：双重“转化”的过程

“物（客观事物）—意（主观想法与作意）”；“意—文”

二、成功实现两次“转化”需要多种能力

头次转化需要观察阅读调查采集等摄取能力、认知能力、思维水平和情感修养等；后次转化需要构思文章与撰写文章的能力。

简言之即摄取能力、思维认知能力、文体写作技能与书面语的表达能力。

三、写作行为三阶段

（一）远准备阶段

借助观察、调查、阅读等采集、积累信息材料。

运用各种心理与思维活动，酝酿并确定“作意”。

（二）近准备阶段：构思以及相关准备工作

构思，写作思维活动，既是动笔前的重头戏，又贯穿写作的全过程，其关乎文章的成败与高下。

构思要项：文章思想内容和表现形式的各个环节，比如立意用料/布局谋篇/标题写法/读者与发表处的需求等。还要注意因体而异、灵活变通。

实用文章主要运用逻辑思维，适当借用形象思维（特别是在语言修辞方面）。

相关准备，比如查阅资料、核实情况数字、征求领导意见等。其带有不确定性与灵活性，届时应依照需要而施行。

（三）拟文的一般步骤

拟纲：详略自便。

起草：最好集中时间拉出“初稿”。

修改：自修、帮修，重要文件还要传阅与讨论等。

定稿打印：此项对文件和公务文书特别重要。

四、写作行为特点

目的性、综合性（需多种能力）、规范性与创造性（文如其人）的统一。

第三节　写作行为的“前功”与“内功”

一、写作行为的“前功”

古人强调的“读书、行路”即为写作的“前功”，至今又有听看（观察、调查、旅游、参观）、结友与上网等，好处在于熟悉大千世界、社会生活，摄取信息、积累材料。其详情参见本书第一辑内《信息材料的“积与用”》一文。

二、写作行为的“内功”

（一）理念

现代写作学研究将写作的复杂劳作归纳为内功与外功。

外功即有形的外在的系列动作，比如观察、调查（查资料、走访、采访）和拟纲、起草、讨论、修改等。

内功则指贯穿始终的心理的、思维的和情感的系列活动。实践证明凡写文心理内功始终伴随着，平时所说“只有想好才能写好”就是这个意思。

（二）“内功”的三个系列

1. 写作心理活动

（1）写作心理活动，即指兴趣/注意/感觉/知觉/感受/记忆等。

（2）实践证明只有它们积极地参与其中，才能完成写作前期的工作，即摄取素材、采集信息以及实现第一次转化。

2. 写作首先是思维活动

（1）思维是人脑的特异功能，靠它人类才能认识世界并能动地改造世界。

（2）写作既反映客观又表现主观，当然也始终离不开思维。实用写作主要运用逻辑思维，而文学艺术创作主要运用形象思维与灵感。

（3）实践证明不仅构思文章最需要思维活动，就是在随后的起草与修改阶段也是离不开思维的。

3. 逻辑思维的具体方式

分析综合/集中发散/比较联想/抽象概括/归纳演绎/换元逆反/具体化、系统化/臻美优选，等等。在撰写时论、政论、新闻稿件和司法诉讼等专门文章时还需特殊思维，比如文件政令思维/历史背景思维/前瞻预测思维/法律证据思维等。

4. 情感渗透作用

（1）作者固有情操以及面对写作素材（对象客体）所自然产生的喜怒哀乐等。

（2）实践证明其不仅对文学创作至关重要，就是对实用写作也有着这样或那样的影响。

第四节　写好文章的科学门径

古人有文以识为主、文以气为主和文如其人之说。所以大家欲写好文章就该从努力提高自身的综合水平入手，逐渐成为行家里手。

一、综合历练，打好两大基础

（一）优化大脑这个“加工厂”

树立正确的价值观与审美观，陶冶情趣、丰富精神世界。

提高思想理论和认知水平。

优化思维，让其既缜密又灵活。

（二）做生活的有心人，为写作准备个“材料库”

第一，积累两个经验（直接和间接）：多读（书报）、多看多听（社会生活）、多行（路）；多结（友），多上（网），以撷取、占有信息，广开“材”源。

第二，写作素材的储存，心记和手记。

二、学习写作基础知识与文体写法，获得理性认识，力求懂得写作之“必然”

第一，全面的基础性教本。

第二，单项的指导性读本或文章。

比如语言修辞/写作思维/文章修改/论文写法/公文制作/新闻采写等。

三、勤学苦练，多写多改多比多悟

第一，从立意/用料/结构/遣词用句/拟题/取法等多方面下力（尤其是“语言表达”一项）以逐步“开窍入门”。

第二，过程中初期可以适当模仿（不是抄袭），但争取逐步“自创原创”。

（其后是第二单元，即三大实用文体以及有关文种写作的若干章节，于此略）

选修课《汉语表达方略》教学大纲

（1999 年初）

一、课程属性与教学目的

属于新兴人文行为边缘性学科，其与思维学、语言学、修辞学、写作学、文体学、传播学、心理学和公关学等均有交叉。但作为新学科，它有着相对的独立体系与内容，并有着明显的操作性与应用性，它在传道的同时更注重“教授技术”。

新时期以来高校开设的有关中文的课程《大学语文》和《汉语写作》（又名《基础写作》和《实用写作》《应用写作》等）虽然涉及书面语的运用，但由于教材内容侧重与课时限制，很难更具体、更深入地讲授语言表达的技艺，更很少涉及口语表达问题。至于人文院系开设的传统的《现代汉语》和《汉语修辞学》也因体系与内容的老化（讲授的多是语言内部规律与文学修辞格之类），很少涉及有关新时代、新环境“说与写”的方略问题。鉴于此，开设《汉语表达方略》便显得应时而必要了。

二、讲授纲要

导论

（一）提高对民族语言性能作用的认知

1. 语言是民族要素之一/最重要的交际工具/一切事实和思想的外衣。

2. 语言就是力量/要学好非下苦功夫不可。

（二）当代国家机关单位与各类职场需要工作者的说写能力

（三）课程介绍

1. 性质以及与以往汉语课和写作课的联系与区别。

2. 授课目的与授课对象（本科3年级、研究生2年级）。

3. 主要内容及实践活动。

（四）对学生的要求以及有关教学情况说明

51课时，每周3课时，讲17周（研究生班可适当减少10多个课时），考核时间不在其内。摸索新的考核方式与成绩评定办法，体现操作性与实践性。

上单元　提高说话的能力与技巧

第一节　概说

（一）“说”的重要性

（二）口语的审美标准

（三）言语能力的培养

第二节　语境与语体

（一）语境及其分类

机关语境、商场语境、职场语境、业务交流公关联络、调研走访学术研讨，等等。

（二）不同语境的语言沟通

（三）口头语体的分类及其优化

公关类、演讲类、论辩类以及生活交流用语。

第三节　副语与体态语及其辅助作用

（一）副语

（二）体态语

第四节　克服口语常见病，优化言语效果

下单元　提高运用书面语的能力

第一节　概说

（一）价值作用

（二）基本要素、语体分类

（三）与口语的比较

第二节　公务文书的语言表达

（一）公文语体及其运用

（二）三类应用文本的语言表达

1. 党政文件

2. 司法文书

3. 商务文书（含广告文案）

第三节　新闻稿件的语言表达

（一）事实类稿件的语言审美

（二）言论类稿件的语言审美

第四节　学术论文的语言表达

（一）论文的语言表达

（二）其他科学性文字

关于成人高教应用写作教学的几点想法

一、师生都应正确理解和准确把握应用写作课的学科性质与教学目的

作为大学写作课，一般由两个分支构成，即基础写作和文体写作。前者旨在揭示写作行为（或曰写作主体行为）一般规律，要领以及阐明文本客体新旧载体的构成知识和写作基本要求。而后者（即文体写作）是在前者基础上向学生讲授有关各类文体的写作知识并同时培训相应的动笔能力。

应用写作属边缘性、应用操作性学科，从成人高教课程体系上说，它又是一门公共必修课与工具课。它以传授几类常用应用文体写作的知识、培训相应操作能力为根本宗旨。由此又决定了该课的实践性与服务性。

以上所言，可通过绪论课明确讲给学员，使教学双方从开始就有着统一而明确的有关教学行为目的与宗旨的认知。

二、编好教纲与教本确保教学的当代性与针对性

根据以往成人应用写作教学经验教训，这里提出两点原则要求：

第一，在确保科学性前提下，与以往相比，教纲教本应体现当代性和针对性。即要根据在社会主义市场经济条件下，我国当代公务人员所应掌握的应用写作知识和相应的撰写文本能力来确定教学内容、提出要求。

第二，为避免教学内容过多过繁，又能满足不同专业学员的不同要求，教材中可把现行应用文体分为“通用类”和“专用类”两大种。前者必讲，后者选讲（详见附件《讲授纲要》）。

三、有关教学的几点具体意见

（一）正确处理几个关系

1. 本职业务与应用写作课的关系

根据前文所言，学习应用写作课旨在使学员更好地从事业务用笔；再从文章学原理来说，一篇有着规范体式的应用文本，从内容上看，其所言之“物”、所载之“道”皆为有关政务与业务，因而熟悉进而精通业务政务乃是写好各类应用文的先决条件和功外之功。鉴于此，学员应在努力钻研自身业务，搞好本职工作的同时学好应用写作，使二者有机结合起来。

2. 应用写作与基础写作的关系

正如前者所言，基础写作是应用写作的基础与先行，应用写作是基础写作的继续与延伸、是对基础写作的理论验证和实践。据此，在教学中要注意二者的联系与照应。必要时可因班而宜地对基础写作的内容做适当的补充与复习。

3. 讲与练的关系

理论与实际、知与行的辩证统一关系是不言而喻的，又鉴于该课程的工具性与服务性，在教学过程中应特别注意体现实践性，一是所讲内容本身应切合实际（防止经院式），二是有意识地把讲与练结合起来，在教学改革中不断改进和完善讲、析（分析例文）、练、研（调查研讨）的教学机制。

（二）关于教学内容与课时安排

在使用统一大纲与教本的前提下，针对每届学员职业与所学专业的不同，在教学内容安排上可适当调整，即除讲授“大纲”规定的必讲部分外（比如通用类文书），可适当确定“选讲部分”内容。

关于文种写法，既要讲明行文关系、手续和规范格式，还要讲好“正文”撰写要领（其中包括内容要点/结构方式/语言修辞等）。因为实践证明，写好一篇应用文，不只要行文关系正确，格式规范，更需写好“正文”。

课时安排允许一定的灵活性，一般以70学时为宜。

（三）关于考试

除平时安排适当数量的练习外，应用写作考试，客观、主观两类试题比例应为4∶6。还可根据实际可能，采取更加新颖恰当的考核、考试方式。

（1998年3月初，笔者参加高校出版社关于应用写作教材编写研讨会上的发言提纲）

笔者主要著述

1.《公安文体写作导论》（专著，24万字，获奖，1996年5月警官教育出版社出版）

2.《公安新闻采写论谭》（专著，16万字，获奖，1998年6月警官教育出版社出版）

3.《公安秘书学教程》（高自考统编教材，副主编之一，合作者邹存亭等，1994年3月中国人民公安大学出版社出版）

4.《公安秘书学自学考试大纲》（高自考统编考纲，合作者邹存亭，1993年11月中国人民公安大学出版社出版）

5.《公安文书写作》（公安院校通用教材，主审并参编，1998年9月江西高校出版社出版，获第三届公安教材一等奖）

6.《当代公安写作教程》（副主编，撰写3章8万字书稿，1992年3月警官教育出版社出版）

7.《写作文选》（成人高教用书，参编，1989年5月高等教育出版社出版）

8.《学术论文写作五十讲》（文科大专函授教材，合作者张靖，16万字，1999年10月中国人民公安大学出版社出版）

9.《机关文书写作大辞典·公安机关文书》（合作者张靖，1994 年 7 月漓江出版社出版）

10.《公安纪实作品论文集》（研讨会论文集，组编并撰稿，1992 年 12 月中国人民公安大学出版社出版）

11.《三国人物风云榜》（专著，历史小说通俗读本，22 万字，2002 年 9 月农村读物出版社出版）

12.《修身谋事镜鉴——阿良评说三国》（专著，三国历史人物述评，18 万字，2014 年 4 月法律出版社出版）

13.《刘少奇风范词典》（纪实文学，副主编并撰稿 12 万字，1991 年 5 月中国工人出版社出版）

14.《忠诚——周仲英红色传奇故事》（纪实文学，合作者杨旭光，18 万字，2007 年 6 月中国人民公安大学出版社出版）

15.《文学星座》（纪实文学，19 万字，主编并撰稿，2000 年 11 月农村读物出版社出版）

16.《中国少数民族文化大辞典·西北地区卷》（参编，撰稿 5 万字，1999 年 9 月民族出版社出版）